insel taschenbuch 4867
Petra Hardt
Fernlieben

Fernlieben erzählt von den Erlebnissen der Autorin in den kalifornischen Hotspots der Hightech-IT: dem Silicon Valley und den Universitätsstädten Berkeley und Stanford. Die regelmäßigen transatlantischen Besuche bei den Kindern und Enkeln in Kalifornien verhelfen der Großmutter nicht unbedingt dazu, die kalifornische Lebens- und Arbeitswelt zu verstehen.

Ist sie zu alt, zu europäisch, zu buchaffin? Selbstironisch und mit Lakonie beschreibt das Buch die Zusammenhänge zwischen den Generationen, den unterschiedlichen Lebensstilen und Haltungen. Das Leben einer Familie auf zwei Kontinenten ist immer eine große Herausforderung, in pandemischen Zeiten wird sie zu einer fast unüberwindlichen. Diese Erfahrung teilt die deutsche Großmutter mit Millionen anderer Familien in aller Welt.

Die persönlichen Eindrücke und Betrachtungen werden ergänzt durch Rückblicke auf das Berufsleben der Autorin im Internationalen Buchhandel. Warum waren die Geschäftsreisen nach Beijing, Beirut und Kolkata so einfach zu bewerkstelligen im Gegensatz zu dem Leben in Kalifornien? Ein unterhaltsames und anregendes Buch über Lebens- und Arbeitsformen im globalen Zeitalter.

Petra Hardt, 1954 in Frankfurt am Main geboren, lebt in Berlin und Mannheim. Sie hat vierzig Jahre im Bereich Rechte und Lizenzen für verschiedene Verlage gearbeitet.

Petra Hardt

FERNLIEBEN

Insel Verlag

Erste Auflage 2021
insel taschenbuch 4867
© Insel Verlag Berlin 2021
Vertrieb durch den Suhrkamp Taschenbuch Verlag
Umschlag: Rothfos & Gabler, Hamburg
Umschlagfoto: Petra Hardt am Frankfurter Flughafen;
Foto: Jürgen Bauer, Leidersbach
Satz: Satz-Offizin Hümmer GmbH, Waldbüttelbrunn
Druck: CPI books GmbH, Leck
Printed in Germany
ISBN: 978-3-458-68167-0

FERNLIEBEN

Für
Annaliese, Klaus, Gesa,
Ruth, Barry, Linda, Alicia, Geeta,
Ellen, Christine, Bine, Charly

FERNLIEBEN I

Berkeley

Am liebsten spiele ich mit meinen Enkelkindern. Sie wohnen in Berkeley und ich in Berlin. Zweimal im Jahr fliege ich über Island, Grönland und Kanada zu der Familie nach San Francisco. Meine Freunde sagen: *Du passt perfekt nach Berkeley.* Das finde ich nicht: Ich bin weder ein Alt-Hippie noch ein Mitglied der jüdischen oder hispanischen Gemeinde oder der Universität. Abgesehen von den Enkeln fühle ich mich dort allein. Fünf Jahre hatten die Kinder in Menlo Park südlich von San Francisco gewohnt. Die Freunde hatten gesagt: *Du passt perfekt nach Menlo Park.* Das fand ich nicht. Ich bin über vierzig Jahre alt, arbeite nicht bei Google/Alphabet, Amazon, Apple oder Facebook, fahre weder einen Tesla noch ein Sportcoupé und esse nur gelegentlich vegan. Klischees allenthalben. Strukturen, die mir fremd sind und fremd bleiben. Das funktioniert in Berkeley und Menlo Park gleichermaßen perfekt. Wer die globale Einheitskultur im digitalen Zeitalter beschreibt, ist wahrscheinlich nie lange an einem Ort geblieben. Man braucht mindestens ein Jahrzehnt, um in einer fremden Stadt wirklich anzukommen. Ich vermisse Ulrich Beck. »Fernliebe. Lebensformen im globalen Zeitalter« war eines seiner Forschungsgebiete. Der Soziologe hat zusammen mit seiner

Frau Elisabeth Beck-Gernsheim 2011 ein gleichnamiges Buch geschrieben. Er ist viel zu früh gestorben. Ich würde ihn bitten, sein Buch fortzuschreiben. Fernlieben beginnt beim Skypen und setzt sich an den Flughäfen fort. Der Zielflughafen wird zum Mekka. In beide Richtungen. Für die Ausgewanderten und die Familie im Heimatland. Selten habe ich Fremdheit so stark empfunden wie in Stavanger in Norwegen. Die Einheimischen retten sich abends in ihre Häuser und haben angesichts der Vielzahl asiatischer und afrikanischer Arbeitnehmer auf den Bohrinseln und der täglichen Belästigung durch 2000 Kreuzfahrttouristen längst ihre Gastlichkeit aufgeben müssen. Die schöne Stadt mit der größten und ältesten Holzhäusersiedlung in Europa wird überschwemmt vom Zweistundentakt-Tourismus und der globalen Ölindustrie. Die Blicke der afrikanischen und asiatischen Arbeiter am Hafen sind nach innen gerichtet. Am Flughafen in Stavanger spielen sich traurige Szenen ab, wenn Eltern ihre Kinder verabschieden, die mit den Großeltern nach Asien zurückfliegen, und die Erwerbstätigen in Norwegen bleiben. Wie kann man das aushalten, frage ich mich. Ich bin schon gestresst, wenn die digitale Kommunikation mit den Enkeln in Kalifornien unterbrochen wird. Das Warten auf das nächste Gespräch über Skype oder Facetime, den angekündigten Brief mit Zeichnungen der Enkel, die nächste Nachricht auf WhatsApp, das Foto auf dem familienverschlüsselten Twitter-Account, das Video in der Marco-Polo-App sind Bestandteile des

Tagesablaufs. Längst sind die verschiedenen Zeitzonen fest in der Seele verankert. Die Freunde sagen: *Du wirst dich in Kalifornien gut einleben*. Für meine Generation, die in der Bundesrepublik aufgewachsen ist, kam ich spät an die Westküste der Vereinigten Staaten. Ich war schon sechsundfünfzig Jahre alt, als ich zum ersten Mal in San Francisco eintraf. Meine Freunde flogen in den siebziger Jahren des vergangenen Jahrhunderts nach Kalifornien, standen in San Francisco und Monterey herum und fuhren auf der Route 66. Ich reiste nach dem Abitur durch Italien und Frankreich. Gibt es einen Zusammenhang zwischen dem persönlichen Gefühl der Fremdheit in Kalifornien und meinem Alter? Oder geht das den Studenten an der UC Berkeley ganz genauso? Am Morgen nach meiner Ankunft in Berkeley im Februar 2018 gehe ich über den Campus der Universität in die Charles Franklin Doe Library. In der Eingangshalle der imposanten Bibliothek wird für eine temporäre Ausstellung geworben: »Reframing aging«, Fotos und Geschichten von Menschen zwischen siebzig und sechsundneunzig. Die Ausstellung wird finanziert von Ashby Village, einer Organisation, die von Montag bis Freitag ältere Menschen mit gemeinsamen Interessen zusammenbringt. Skeptisch nehme ich mein neues Interesse an älteren Menschen wahr. Ich vermute, es hängt mit dem nahenden Ruhestand zusammen. Noch vor fünf Jahren hatte ich mich in einem Fragebogen der Fachzeitschrift *Börsenblatt des Deutschen Buchhandels* über Anti-Aging-Produkte lustig gemacht. Seitdem habe ich alle Staffeln von *Grace und Frankie* und von *The Kominski Method* auf Netflix gesehen. Die Ausstellung betrachtend, erinnerte ich mich an meinen ersten Besuch auf dem Campus der weltberühmten Universität in Berkeley vor einigen Jahren. Ich hatte mir für die Besichtigung des Campus und des Campanile ein Zeitfenster von drei Stunden eingerichtet. Ich ging in das Visitor Information Center, holte mir die für die Besichtigung notwendigen Pläne und bat um Auskunft, wo ich die philosophische Fakultät finde. Ich fragte nach Spuren, die an Adorno erinnerten. Theodor W. Adorno hatte in den vierziger Jahren, im Exil in Santa Monica lebend, eine Zusammenarbeit mit der Berkeley Public Opinion Study Group hergestellt und reiste von Los Angeles gelegentlich an die University of California in Berkeley. Zugegeben, mein Wunsch, Tafeln in der Philosophischen Fakultät zu finden, die auf die Frankfurter Schule der Kritischen Theorie verwiesen, war etwas vermessen. Der freundliche Student am Empfang des Visitor Center kannte den Namen von Theodor W. Adorno nicht und meinte lapidar: »You are interested in philosophy?«

Silicon Valley

1998, als Steve Jobs mit Apple zweiundzwanzig Jahre nach der Gründung des Unternehmens zum Weltkonzern aufstieg und Larry Page und Sergey Brin Google in

Menlo Park gründeten, wohnte ich mit meiner Familie im Taunus und fuhr jeden Morgen über die A66 ins Büro zum Suhrkamp Verlag nach Frankfurt und am Nachmittag wieder zurück. Was im Silicon Valley vor sich ging, stand damals nicht auf unserer Tagesordnung. Wir gewöhnten uns gerade im Berufsalltag daran, mit Computern, Speicherkapazitäten, Datenverarbeitung und dem Internet zu arbeiten. Wir waren spät dran. Wir ahnten, dass die Produkte aus dem Silicon Valley unser Leben völlig neu verorten würden, aber so ganz genau wussten wir es nicht. Als ich 2010 zum ersten Mal in die Bay Area südlich von San Francisco, ins sogenannte Silicon Valley, reiste, war Google von Menlo Park nach Mountain View umgezogen und das Tal zu dem weltweit wichtigsten Produzenten digitaler Verfahrensweisen geworden. Die Hauptsitze der IT-Giganten bilden eigene Städte in den eher kleinen Orten der gesamten Bay Area. Am spektakulärsten und ehrlichsten in seiner Abgeschlossenheit ist der Apple Park von Norman Foster in Cupertino. Der Hauptsitz von Facebook liegt zwischen dem Bayshore Freeway und dem Bayfront Expressway in Menlo Park. Ich fuhr dort täglich zweimal vorbei, um die Enkelin in die Kita zu bringen und dort wieder abzuholen. Die bunten Reihenhäuser und Gebäude auf dem Firmengelände zwischen den beiden Schnellstraßen sollen Geborgenheit vermitteln. Tun sie aber nicht. Es gibt Schöneres. Zum Beispiel das große Landhaus mit Park an der Ecke Glenwood Avenue/Middlefield Road in Menlo Park. Es wird im September 2016 von Sotheby's angeboten. Noch an Weihnachten 2015 war es prachtvoll beleuchtet und geschmückt. Ich war mir sicher: Da wohnt eine glückliche Familie. Die Kinder im blauen Blazer, ein Cabernet Sauvignon aus Napa Valley und der Dow Jones wohlgesinnt. Auf dem Gabentisch der neue McEwan von Kepler's Book Store in Menlo Park. Vielleicht hat die glückliche Familie in den Hügeln zwischen San Francisco und dem Pazifik ein größeres Haus gefunden. Vielleicht war die Familie aber auch nicht so glücklich. So wie die befreundete Familie in Königstein am Taunus mit den Kindern im blauen Blazer. Dort hat ein Familiengericht verfügt, dass sich die Eheleute nur auf 100 Meter Entfernung sehen dürfen. Das hätten sie in dem Haus auch ohne richterlichen Beschluss herstellen können.

Ich stehe mit der Enkelin zur Mittagszeit in einer langen Schlange vor einem Restaurant in der University Avenue in Palo Alto: Sushirrito, ein Riesen-Sushi, ein XXL-Sushi, ein Sushi in zehn Varianten mit den Ausmaßen eines Burritos – Geisha's Kiss mit Tuna, Sumo Crunch mit Crabmeat. Man kann auch Mayan Dragon oder Buddha Belly oder Salmon Samba wählen. Wir teilen uns einen Sumo Crunch mit Crabmeat. Nach dem Mittagessen gehen wir auf den Spielplatz im Burgess Park in Menlo Park, der direkt an den wunderschönen Creek in Palo Alto angrenzt. Der Burgess Park bietet große Rasenflächen, ein Freiluftbad, Trainingsplätze für Baseball, Basketball, Skate Boarding. An den Wochenenden kommen viele Familien zum Grillen oder sie feiern Kindergeburtstage hier. Die Enkelin schaukelt. Neben ihr ein Kind, dessen Großmutter aus Asien laut und melodisch amerikanische Kinderlieder singt. Meine Enkeltochter kennt bisher nur die deutschen Kinderlieder. Die werden wir aber im Burgess Park nicht laut singen. Auf dem Rückweg nach Hause halte ich bei Kepler's Books und kaufe drei Liederbücher mit den bekanntesten amerikanischen Kinderliedern, CD inbegriffen. Eines hätte auch gereicht, meint mein Sohn. Auf den Spielplätzen im Silicon Valley spielt die internationale Weltgemeinschaft, die sich dort angesiedelt hat. Die Kinder in der Bay Area wachsen mindestens zweisprachig auf. Mit Englisch und den jeweiligen Familiensprachen. Ich spreche mit der Enkelgeneration ausschließlich deutsch, mühelos wechseln die Kinder zwischen dem Englischen und dem Deutschen je nach Bedarf und Situation. Die beiden Sprachen, mit denen wir uns durch die Bay Area bewegen, schaffen zwei Wirklichkeiten. Die Generation der Enkel wächst in eine Welt, die ich nur noch zum Teil erleben werde. Es ist die Endlichkeit, die das Tal der unbegrenzten Möglichkeiten erträglich macht.

Abends gehe ich manchmal mit Freunden, die in Stanford unterrichten, ins Restaurant Bird Dog in Palo Alto. Die Jahrgänge 1948 bis 1960, in Deutschland geboren, vereint im Tal: die Ausgewanderten, die amerikanische Staatsbürger geworden sind, und die Besucherin. Das Paar hat die Fremdheit, die ich im Silicon Valley empfinde, schon lange hinter sich gelassen. Die Unruhe über das, was sein wird, ist größer als unsere Gelassenheit. Ich denke an Elizabeth Strout, die in ihrem Roman *Die langen Abende* schreibt: »Die Bürde des Unerklärlichen ist mit so viel Anstand zu tragen, wie wir nur können.« Ich bin für Sätze, die zu einer Haltung ermuntern, sehr empfänglich.

Am nächsten Tag fahre ich mit der Enkeltochter zu ihren Eltern zum Mittagessen in den Hauptsitz des Unternehmens Google/Alphabet am Amphitheatre Parkway in Mountain View. Am Eingang steht der Hinweis: *Please be Google. All guests must be registered and wearing a visitor badge prior to entering a Google facility. Even Grandma and the kids*

Ich sage zu dem Kindeskind: »Das Schild haben sie unseretwegen aufgehängt.« Ich nehme zur Kenntnis, dass die Unternehmensleitung Großmütter und Kinder in die gleiche Risikogruppe einstuft. Dort im Headquarter arbeiten 40 000 Mitarbeiter. Eine Stadt mit großen, wegen der Bauauflagen überwiegend vierstöckigen Gebäuden. Ein riesiger Campus mit Grünanlagen, Palmen, Mensen, Cafés, Pools, Sportanlagen, alle Mobilien in den Google-Farben. Viele indische und asiatische Familien besichtigen das Unternehmen, jedoch keine Großmütter. Ich behaupte meine Vormachtstellung. Es merkt aber niemand. Das Essen bei Google ist gut, reichlich und abwechslungsreich. Alle Bedürfnisse – vegan, vegetarisch, asiatisch, amerikanisch – werden berücksichtigt. Es ist allerdings nicht so gut wie bei Twitter in San Francisco. Selten habe ich so gut gegessen wie bei Twitter. Aber es sind dort auch nur 4000 Mitarbeiter zu bekochen. Bei Facebook habe ich noch nicht gegessen. Ich bin dort mit niemandem befreundet.

Durch das Silicon Valley fahren ächzende graue Züge des Betreibers Transit America Services, Caltrain genannt, und transportieren täglich Hundertausende von Pendlern von San Francisco, Albany, Richmond, Berkeley, Oakland nach Palo Alto, Mountain View, Cupertino zu Apple, Hewlett-Packard, Google, ebay, Twitter, Facebook, Yahoo, Adobe, zu den Filialen von SAP, Microsoft, Nokia, Amazon und anderen hundert weltbekannten Technologie-Unternehmen und fünfhundert weniger bekannten Internet-Firmen und Start-ups und zu den Forschungseinrichtungen in Stanford und Berkeley. Die Züge halten je nach Länge drei oder vier Wagen ausschließlich für Fahrräder bereit. Die kreischenden Bremsen an den 23 Stationen, die glockenartige Ankündigung der Züge: ein Anachronismus im Tal der digitalen Höchstgeschwindigkeit.

Auf dem Rückweg von Mountain View nach Menlo Park schläft die Enkelin ein. Ich fahre weiter, damit sie nicht aus ihrem Mittagsschlaf aufwacht. Diesmal erschließen sich mir die Straßen nordwestlich der Stanford University. Sie heißen nach den berühmten Universitäten der Ostküste: Princeton Road, Yale Road, Harvard Avenue. Nach halbstündiger Fahrt durch die Ivy League wacht die Enkelin auf, und wir gehen auf den Spielplatz mit den

Großeltern und Nannys aus dreißig Nationen. Früher waren die Betreuerinnen der Kinder im Parc Monceau in Paris, jetzt sind sie in Palo Alto. Verschiebungen. Ich vermisse Ulrich Beck.

Jeden Samstagmorgen gehe ich zu Kepler's Books in Menlo Park. Dort sind die bestellten Bücher eingetroffen: Jonathan Galassi, *Muse*, und Nicole Krauss, *Great House*. Ich schaue mich im Laden um und sehe ungefähr vierzig Personen der Altersgruppe 60 plus, die sich auf Stühlen niedergelassen haben. Ich halte nach dem Autor oder der Autorin Ausschau. Es gebe keine Lesung, erklärt die Buchhändlerin, es sei »Mystery Day at Kepler's«. Ein Wettbewerb findet statt. Jeder der Anwesenden liest eine selbst verfasste Kurzgeschichte vor. »It's amazing«, sagt die Buchhändlerin. Der Kreis ist auf die angemeldeten Teilnehmer beschränkt. Ich ziehe mich unter guten Wünschen zurück und verlasse den Laden.

Vier Monate später, im Januar 2017, sitze ich erneut im Flugzeug über Grönland in Richtung Kalifornien. Diesmal habe ich eine Puppe für die Enkelin im Gepäck. Beim Skypen hatte ich ihr zwei meiner Puppen aus den fünfziger Jahren in den Bildschirm gehalten und gefragt: »Welche Puppe soll ich mitbringen, wenn ich in drei Wochen komme. Die Bärbel oder die Vroni?« Das Kindeskind entschied sich für die Vroni mit den langen schwarzen Haaren. Den Namen hatte mein Vater ausgesucht, als er mir die Puppe zu Weihnachten 1958 schenkte. Seit seinem kurzen und abgebrochenen Studium in München

1947/48 hatte der Vater ein Faible für Bayern München und bayerische Namen. Geheiratet hat er dann eine Frau aus Gdansk. »Ein Flüchtling, lungenkrank und katholisch«, hatte seine Mutter zu Bedenken gegeben. Das hatte den Vater aber nicht abgehalten. Vehement unterstützt wurde er von meiner Großmutter Agnes mütterlicherseits, die in dem Vater die Chance des Lebens für ihre kranke Tochter sah. Ein gütiger und gutaussehender Mann. Den Vorbehalten seiner Mutter setzte sie jeden Sonntag Enten und Würste entgegen, die sie bei dem kaschubischen Händler auf dem Heidelberger Markt zu günstigen Konditionen verhandelte. Der Vater, ein Gourmand und Gourmet, ließ sich einfangen.

Die Puppen müssen restauriert werden. Ich suche Rat im Netz: Puppenklinik Plate, Käthe-Niederkirchner-Straße in Prenzlauer Berg. Ich stelle mir eine Ostberlinerin vor, die vielleicht aussieht wie Carmen-Maja Antoni. In der Tür steht jedoch eine große, junge Frau mit einem strahlend weißen Kittel, auf dem »Puppendoktor« steht. Gentrifizierung, denke ich. Ich darf im Wartezimmer Platz nehmen, wo bereits eine Frau mit einer sehr großen Puppe sitzt. »Was hat sie denn?«, frage ich anteilnehmend. – »Sie hat es am Magen.« Nach zwei Wochen hole ich die Puppen wieder ab. Finger, Haare und Hinterkopf sind neu. »Fahren Sie vorsichtig«, sagt Frau Plate. Die Puppen werden ordnungsgemäß angeschnallt. Hoffentlich sieht mich keiner, denke ich. Ich bin glücklich.

Im Silicon Valley eingetroffen, nehme ich meine Gewohnheiten auf. Ich werde von Mal zu Mal sicherer im Umgang mit den Talbewohnern. Mein Blick signalisiert: Ich gehöre dazu. Das ist vermessen. Ich gehöre nicht dazu. Meine einzige Freundin in Menlo Park, Barbara Katz Mendes, hat ein Dinner für mich ausgerichtet und drei andere Freundinnen eingeladen: die eine ist dreimal geschieden, die andere zweimal, die jüngste ist Single und läuft Marathon. Alle haben Lehraufträge in Stanford und Berkeley. Sie sind Großmütter oder kinderlos und essen vegan. Sie sind aktiv und bedauern nichts. Alle haben Barbaras Buch *Falling in love with your life* gelesen. Ein heiterer Abend. Ich bleibe misstrauisch. Barbara hatte mir ihr Buch geschenkt und gesagt, du musst aktiver werden, dann kommen das Leben und die Liebe zurück. Ich habe das Buch erst einmal zur Seite gelegt.

Ein Freund und Kollege hält an der Stanford University in der German Library einen Vortrag über Paul Celans Gedicht *Todesfuge*. Die German Library hatte ich mir groß vorgestellt. Es ist aber ein eher kleiner Raum, in dem die Gesamtausgaben der deutschsprachigen Autoren und Autorinnen der vergangenen fünfzig Jahre vorhanden sind. Ich wähnte mich im Suhrkamp Verlag. Ich saß neben der Heiner-Müller-Ausgabe. Der Vortrag fand mittags statt, ein sogenannter Luncheon. Ein Mexikaner, dessen Catering-Unternehmen einen arabischen Namen hatte, baute libanesische Vorspeisen auf. Ich dachte, man nehme sich das Essen nach dem Vortrag, was sich als Irrtum herausstellte. Alle bedienten sich vorher, aber als ich dann zum Büfett gehen wollte, begann der Vortrag, und ich setzte mich unverrichteter Dinge. Der junge deutsche Historiker, der neben mir auf einem zu kleinen Stuhl in schräger Haltung saß, hatte sich den Teller so voll gelegt, dass ich einerseits befürchtete, die Speisen fielen auf meine Kleidung, und anderseits hoffte, sie fielen auf meine Kleidung, weil ich hungrig war. Ich konnte den Historiker gut verstehen. Das Silicon Valley ist sehr teuer. Mein Lieblingssupermarkt im Tal ist das Draeger's in Menlo Park, seit über neunzig Jahren im Familienbesitz. Gustave Draeger, aus Stettin, hatte es 1925 als Delikatessengeschäft in San Francisco gegründet. Es führt alles, was der Magen begehrt, und hat eine Weinabteilung, die manchem Geschäft in Paris Konkurrenz machen würde. Meine Freundin Barbara Katz Mendes lacht über meinen Hang zu dem teuren Draeger's. Sie kauft bei Whole Foods, das zu Amazon, und bei Trader Joe's, das zur Aldi-Gruppe gehört.

Die Hotspots des Silicon Valley – Mountain View, Palo Alto, Menlo Park – liegen nahe am Pazifik. Aufgrund des Verkehrsaufkommens und der vielen Serpentinen benötigt man jedoch mindestens fünfzig Minuten von Palo Alto bis Half Moon Bay, einem langgestreckten Badeort mit einem großen Yacht- und Segelboothafen. Einmal habe ich die Fahrt aus Neugierde mit dem Bus von Redwood City aus gemacht, mehr oder weniger allein mit einigen mexikanischen Angestellten, das dauert dann neunzig Minuten. Eine befreundete Literaturwissenschaftlerin und

Goethe-Forscherin erzählte mir, dass sie zweimal in der Woche nach Half Moon Bay fahre und am Strand spazieren gehe. Sie hatte mich in den ersten Jahren meiner Ortsbegehung in Menlo Park und Palo Alto gelegentlich zum Lunch in ihre Residenz eingeladen. Ihr Haus ist eine arkadische Symbiose der Alten mit der Neuen Welt. Eine *Bibliotheca Goethiana* inmitten von Zitronen und Palmen. Ich glaube, es hätte Herrn Rath Goethe aus Frankfurt gefallen. Ich stelle mir vor, wie gerne Johann Wolfgang Goethe heute in Palo Alto gelebt hätte. Er wäre mit seinem Genius zum Interdisziplinären und seinem Interesse an politischer Gestaltung hier am richtigen Platz gewesen.

An den Stränden in Half Moon Bay kann man lange spazieren gehen. Im Pazifik kann man surfen. Aber ich kann nicht surfen. Baden kann man in Nordkalifornien nicht. Der Ozean ist zu kalt, man braucht einen Neoprenanzug. In diesem würde ich jedoch unvorteilhaft aussehen. Ab und zu habe ich einen Fuß ins Wasser gesteckt, um wenigstens sagen zu können, mit den Füßen war ich im Pazifik. Wenn man in Kalifornien am Pazifik steht, weiß man, auf der anderen Seite ist China. Steht man an der Ostküste in Taiwan, erahnt man Kalifornien. Steht man im Finistère in der Bretagne, sieht man Martha's Vineyard südlich von Boston vor seinem geistigen Auge und umgekehrt. Ich muss in keinem Ozean schwimmen. Das Besondere an Ozeanen ist, am Wasser zu stehen und Räume zu ahnen. Den Raum auf der anderen Seite. Vielleicht mache ich das im Ruhestand: stundenlang an Ozeanen stehen und an die andere Seite denken.

Drei Wochen später auf dem Rückflug von San Francisco nach Berlin über Frankfurt am Main denke ich: Du bist genauso sentimental wie Christian. Einem Freund hatte ich vorgeworfen, dass er in intimen Momenten Geschichten von seinem Enkelsohn erzählte. Vielleicht, wenn man gemeinsame Enkel hat. Aber Christian und ich hatten keine gemeinsamen Enkel, eigentlich hatten wir gar nichts gemeinsam. Er zog sich nach meinen Vorwürfen zurück und meldete sich nicht mehr. Nun sitze ich auf meinem Fensterplatz, unter mir liegt der Lake Tahoe, und ich kämpfe mit den Tränen. Im Flugzeug weint man leicht. Es ist der Luftdruck. Ich beschloss zum wiederholten Mal, mir ein Beispiel an den vielen Paaren aus Indien zu nehmen. Sie weinen nicht. Sie fliegen um den halben Erdball, um ihre Kinder und Enkel in Kalifornien zu sehen, aber sie weinen nicht, jedenfalls nicht im Flugzeug. Gerne würde ich jetzt jemandem von den Enkeln erzählen. Der Abschied schmerzt. Die Countdown App wird neu justiert: wieder mindestens 90 oder 120 Tage digitale Familienkommunikation bis zum Wiedersehen. Mich entlastet, wenn andere weinen. Auf diesem Rückflug hatte ich Glück. Bereits in der Warteschlange beim Sicherheitscheck im Internationalen Flughafen von San Francisco weinte eine junge Frau hinter mir. Das aus Fingern geformte Herz ihres Freundes an der Absperrung verstärkte die Tränen nur noch. Inzwischen waren wir über Kanada, und ich blickte zu meiner Sitznachbarin, die Tränen in den Augen hatte. Ich sah auf ihren Bildschirm, um zu erraten, ob vielleicht der Film die Ursache war. Dort waren Pferde und Prinzessinnen zu sehen. Da sie aber nicht aufhörte zu weinen, fragte ich sie, ob ich ihr irgendwie helfen oder sie trösten könne. Sie lachte und sagte, sie weine wegen des Films. Auf den Rückflügen schaue ich manchmal bis zu vier Filme. Hinterher weiß ich nicht mehr ganz genau, was ich gesehen habe. Ich bewundere Mitreisende, die stundenlang schlafen oder arbeiten können. Wenn die Fluganimation anzeigt, dass wir die Küstenlandschaften von Grönland überfliegen, mache ich das Rollo am Fenster einen winzigen Spalt auf und blicke auf die Eisberge.

Die Herausforderungen des Fernliebens anzunehmen, hilft der Stadtteil Wedding in Berlin. Alles, was man zum Überleben braucht, steht dort an den Häuserwänden: MIGRATION IS NOT A CRIME. Es ist 6.30 Uhr, ich bin auf dem Weg ins Büro, als mich die Navigation zu einer Tankstelle unweit der Müllerstraße umleitet, weil die Tankstelle an der Seestraße, die ich normalerweise anfahre, gerade betankt wird. »Ich werde mich wieder umleiten lassen und es fotografieren«, nehme ich mir vor. Wochenlang hatte ich versucht, das Graffito für die drei Boateng-Brüder an der Ecke Badstraße/Pankstraße abzulichten: GEWACHSEN AUF BETON, aber nie gab es einen nahen Parkplatz, und einen zu suchen, kam nicht in Frage, denn in Berlin muss man früh an den Arbeitsplatz kommen, sonst steht man im Stau. Seit ich in Gatow wohne, ist das Pendeln der Brandenburger und Anhalter nach Berlin ein Bestandteil meiner täglichen Aufmerksamkeit geworden. Schon um 5.30 Uhr morgens ist die Heerstraße Richtung Innenstadt belebt, und man fragt sich, wann die Menschen mit dem Kennzeichen HVL oder OHV aufgestanden sind. Den Wedding mag ich. Im Wedding sind die meisten Menschen so fremd wie ich in Kalifornien. Meine Freunde verstehen nicht, wie ich das gleichsetzen kann. *Du kannst doch Englisch*, sagen sie. Als ob das ausreiche. Eine solide Sprachkenntnis ist die Minimalanforderung, um in der Fremde zu überleben. Die ganze innere Navigation fehlt: Was liest man, was isst man, was sieht man, was spricht man. Ich weiß nicht, über was meine Altersgruppe in Kalifornien spricht. Ich weiß nur, was die chinesischen, ungarischen und indischen Großeltern auf den Spielplätzen im Silicon Valley nicht sprechen. Das Tal ist Babylonien. Die Türme stehen woanders.

Berlin

Die Havel war immer meine erste Wahl, wenn bei »Stadt, Land, Fluss« der Buchstabe H dran war. Jahrzehnte bevor ich den Fluss zum ersten Mal sah. Leider brachte sie in der Regel nur fünf Punkte ein, denn auch die Mitspieler wählten die Havel. Städte mit H gab es viele, Flüsse weniger. Die fünf Punkte sind ungerecht, denn die Havel ist vollkommen, vor allem von Spandau bis Havelberg. Nach sieben Jahren Wohnen an ihren Ufern kenne ich jeden Halm zwischen Gatow und Potsdam, vom Wasser und vom Land aus. Es ist ein unbeschreibliches Gefühl, frühmorgens im Sommer mitten in der Hauptstadt mit einem kleinen Motorboot auszufahren, um die Vögel und Bäume zu beobachten. Es ist eine so vollendet harmonische Landschaft, die mir die Unwägbarkeiten des Lebens in Berlin erleichtert hat. Die Fahrt zwischen der Pfaueninsel und den Kladower Ufern mit dem Landhausgarten des Dr. Max Fraenkel bis in die Sacrower Lanke, wo Freunde wohnen und man anlegen kann, ist zauberhaft. Ich schaue jedes Mal zur Molkerei auf der Insel, ob ich Maria Dorothea Strakon, die Protagonistin aus Thomas Hettches Roman *Pfaueninsel*, nicht doch erblicke.

2010 ist der Suhrkamp Verlag nach Berlin gezogen. Von der Bonner Republik in die Berliner Republik. Es war eine kluge Entscheidung. Ich wollte es nicht. Ich bin dennoch mitgegangen. Ich hatte mir das Leben in Berlin einfacher vorgestellt. Zudem tat mir meine Heimatstadt Frankfurt am Main leid. Sie war in meinen jungen Jahren ein intellektueller Schwerpunkt in der Bundesrepublik. Mit der Internationalen Buchmesse, dem Börsenverein des Deutschen Buchhandels, der sowohl den herstellenden als auch verbreitenden Handel repräsentiert, den Verlagen S. Fischer, Suhrkamp, Insel, dem Jüdischen Verlag und vielen kleineren unabhängigen Verlagen, dem Institut für Sozialforschung, dem Sigmund-Freud-Institut und später mit dem Fritz Bauer Institut bildete die Stadt einen Schwerpunkt in Philosophie, Sozialwissenschaft, der Shoa-Forschung und dem Buchhandel. Nun also die Hauptstadt, wo ich acht Jahre nach meiner Ankunft zum ersten Mal in meinem Leben ein Tattoo-Studio betrat. Das hätte in Berlin schon früher passieren können. Die Grenzen des guten Geschmacks sind hier fließend. Es ist erstaunlich, wie sehr sich die Fallhöhe verändert, sobald man die Opernhäuser, Museen und Theater verlässt und sich der Berliner Alltagskultur und ihrer Kommunikation stellt. Es gibt Gestaltungsraum. Mehr als in anderen Metropolen. Nach meiner Rückkehr aus Kalifornien im März 2018 saß ich im Verlag. Die Sehnsucht nach den Enkeln war so schmerzhaft, dass ich dachte: Ich möchte sie auf der Haut haben. Ich musste lachen und dachte: Auch auf diese Weise entsteht der Wunsch nach Tätowierungen. Die Sehnsucht muss auf der Haut brennen. Hinzu kam, dass ich den Enkeln zeigen wollte, wie nah sie mir sind, auf der Haut, für immer. Ich machte mich auf die Suche nach dem geeigneten Studio. Der Friseur eines Freundes empfahl Mirko B. in der Wexstraße, der nach unserem ersten Beratungsgespräch zu mir sagte: »Du machst mir Mut aufs Alter.« Jetzt zieren die Initialen der Namen der Enkel den Oberarm, klein und stilvoll. Es tat nicht annähernd so weh, wie ich befürchtet hatte. Die Stunden danach war ich voller Adrenalin und konnte nachvollziehen, warum Naturvölker diese Art von Initiationsriten pflegen.

In Berlin habe ich mich oft genauso fremd gefühlt wie in Menlo Park und Berkeley. Sicherlich liegt es an mir, ich spreche Berlin von jeder Schuld frei. Ich brauche die Hügel des Südwestens unserer Republik, die Weinberge und die Nähe zu Frankreich. Das alles hat Berlin nicht. Meine Freunde lieben Berlin, die in Ostberlin oder Westberlin geborenen und die aus allen Teilen des Landes und der Welt eingewanderten. Diese Stadt zieht Menschen an, die an ihrer Schroffheit nicht scheitern und den freien Raum zur Gestaltung nutzen können.

Seit Herbst 2018 habe ich wieder einen Ausweis einer Stadtteilbücherei, diesmal in Kladow, im äußersten Südwesten der Stadt. Fünfzig Jahre hatte ich keinen Bücherei-Ausweis, da ich als Verlagsangestellte hinreichend Zugang zu Büchern hatte und zudem jeden Samstag in einer lokalen Buchhandlung einkaufte. Auf dem Ausweis steht: VÖBB, Verbund Öffentlicher Bibliotheken Berlins. Er gilt auch für andere Stadtteile. Das ist wegen der Ausmaße der Stadt nicht sachgemäß und in meinem Fall auch nicht notwendig, denn auf der Suche nach der verlorenen Zeit war ich bereits erfolgreich. Es reichte aus, von Gatow nach Kladow zu fahren, das Fahrrad abzustellen und die Bücherei zu betreten – und da war er wieder: der Zauber angesichts der nach Kategorien geordneten Bücher. So einfach geht das, dachte ich, man nehme die alten Gewohnheiten wieder auf! Ein Buch auszuleihen, das man noch nicht kannte oder wieder lesen wollte. Ich entlieh *4321* von Paul Auster. Die Atmosphäre in den drei

Räumen der Kladower Außenstelle, die Mitarbeiterinnen, die trotz digitalisierter Ausleih- und Rückgabeverfahren etwas Zeitloses symbolisieren, die Erinnerungen an die Jahre 1960 bis 1972 in den Frankfurter Leihbüchereien, der städtischen und der kirchlichen, bestärkten das Gefühl, das ich auch im Konzert, in der Oper, im Theater und in Ausstellungen verspüre: Wie viel Erkenntnis, Innovation und Geborgenheit bedeutet doch analoge Kultur. Sie ist unersetzlich. In allen Sparten und für alle Altersgruppen.

San Francisco/Berkeley

Den ersten Seniorenausweis meines Lebens erhielt ich in der Niederlassung der BART (Bay Area Rapid Transit) des Flughafens in San Francisco im Frühjahr 2019. Ich hatte noch ein wenig Zeit vor dem Rückflug und blickte mit Interesse auf die Angebote am Informationstand der BART. Die Dame am Schalter fragte mich, ob ich schon fünfundsechzig sei. »Nein, noch nicht«, antwortete ich, »aber wenn ich zur Einschulung der Enkelin im August wiederkomme, dann bin ich fünfundsechzig«, fügte ich mit Stolz in der Stimme hinzu. Ich erstand auf ihren Rat hin ein Senior Ticket für 9 Dollar, das Fahrtkosten in der Höhe von 24 Dollar abdeckt. Stolz postete ich den Ausweis in der Familiengruppe und der Freundesgruppe bei WhatsApp. Meine Freunde sagten: *Du bist eine Weltbür-*

gerin. Das gefällt mir. Das wollte ich immer werden, genauso wie Verlagsangestellte. Das Buch und seine Verbreitung haben mir dazu verholfen, in sehr viele Länder reisen zu können. Verwurzelt bin ich im Südwesten unseres Landes, in Frankfurt am Main, in Heidelberg und Mannheim, im Taunus, im Rheingau, in der Pfalz und Hofheim-Wildsachsen. Wenn ich in dem Hofheimer Stadtteil Wildsachsen auf der Bank am Grab meines Mannes sitze, bin ich so verwurzelt, dass ich nicht mehr aufstehen kann. Die Wurzeln sind tief in der Erde. Oft gefällt es mir, nicht aufzustehen und die Wurzeln in mir zu spüren. Mit meinem Mann bin ich nicht alt geworden. Mit Michael Douglas schon. Er kennt mich aber nicht. Neulich, als ich die beiden Staffeln von *The Kominsky Method* gesehen hatte, fiel mir ein, dass ich von 1974 bis 1977 regelmäßig *Die Straßen von San Francisco* im ZDF gesehen habe. Es stellte sich eine merkwürdige Vertrautheit mit Michael Douglas ein, sozusagen retrospektiv. Als ich vor fünfzig Jahren die Serie aus der Stadt an der Westküste sah, war ich noch nie in den USA gewesen. Inzwischen kenne ich San Francisco gut. Bei meinen ersten Besuchen, mit dem Caltrain aus Menlo Park kommend, hatte ich mir ein Fahrrad mitgebracht, bis ich merkte, was ich hätte wissen können: dass ich die meisten Straßen weder hinauf- noch hinunterfahren konnte. Vor allem nicht hinunter. Sie sind viel zu steil. Aber durch die Market Street nach Westen durch die Fell Street oder Fulton Street geradeaus konnte ich ohne große Steigungen durch den Golden Gate Park bis an den Pazifik fahren. Am Pazifik angekommen, sieht man nordöstlich die Golden Gate Bridge und den Presidio Park, südöstlich die Stadtviertel Mission und Castro. Die Golden Gate Bridge ist nur von Weitem schön und verhält sich somit umgekehrt wie der Scheinriese Turtur in *Jim Knopf und Lukas der Lokomotivführer*. Von Nahem ist sie unheimlich. 1980 ist die Schauspielerin Christiane Schröder von der Brücke in den Freitod gesprungen. Sie war nicht die Einzige. Die Brücke wirkt einladend auf Suizidgefährdete. Einmal bin ich vom Presidio Park mit dem Bus zurück zur Caltrain Station gefahren und musste mein Fahrrad eigenhändig an den Halterungen an der Vorderseite des Busses anbringen. Ich brauchte fast peinliche acht Minuten, während deren der Busfahrer und die Insassen freundlich warteten. In Europa hätten sie längst geschrien, aber die Amerikaner sind die mit Abstand geduldigsten Menschen, die ich je getroffen habe. Ebenso peinlich war es, wenn mich im Golden Gate Park ältere, wesentlich sportlichere Radfahrerinnen überholten und dabei freundlich, aber bestimmt riefen: »Bike on your left.« Ich sah ihnen hinterher. Wochen später rächte ich mich, als ich im Park eine Touristengruppe auf Rädern überholte, die auf der Höhe des großen Bisongeheges fuhr, vielleicht aus Deutschland?, ich klingelte und rief: »Bike on your left.« Assimilationsgehabe.

Bei einem Spaziergang durch den Buena Vista Park dachte ich plötzlich an meinen Klassenkameraden Paul, der zu mir gesagt hatte: »Wenn wir das Abitur haben, gehen wir nach San Francisco.« Wir waren beide vierzehn Jahre alt, und ich war entzückt, jedoch auch realistisch: Ich würde nach dem Abitur nach Frankreich gehen. Paul zog nach San Francisco, studierte Mathematik und lebte in einem Zen-Kloster, wo er seine Frau kennenlernte. Beide wohnen inzwischen in den Niederlanden und die gemeinsamen Söhne in New York. Irgendwie habe ich das Gefühl, dass andere besser ein- und auswandern können als ich. Vor zwölf Jahren stand Paul plötzlich am Suhrkamp-Stand auf der Frankfurter Buchmesse und fragte nach mir. Wir hatten ein schönes Gespräch. Es hatte sich nichts geändert. Er war kreativ und Veränderungen gegenüber aufgeschlossen, ich nicht. Gar nicht. Es war so, als wäre es 1968 und wir säßen nach Schulschluss im Bus und er erzählte, was alles möglich sei, und ich glaubte ihm gerne, nur für mich traf das alles nicht zu.

San Francisco gilt als die Stadt mit den größten Unterschieden zwischen Arm und Reich in den Vereinigten Staaten. Das ist auch für den normalen Flaneur sichtbar. Häuser, die man für 30 Millionen Dollar kaufen kann, werden mit dem Slogan »Versace trifft Versailles« beworben. Einen Block weiter leben einige der 10 000 Obdachlosen in Zelten. Die Anwohner lassen die Straßen vom Ordnungsdienst räumen und setzen große Pflanzen in schicken Kübeln auf die Bürgersteige. Die Obdachlosen ziehen weiter. Das Silicon Valley wächst mehr und mehr in die Silicon-Stadt hinein, denn im Süden und im Norden der Bay Area brennen regelmäßig die Wälder. Das Pioneer Monument in der Fulton Street ist aktueller denn je. Eine Stadt, die sich immer wieder neu erfindet – vom Goldrausch über den Bau der Eisenbahnen zur Künstlichen Intelligenz und zu dem, was kommt.

Als ihr Umzug von Menlo Park nach Berkeley feststand, hatten mich die Kinder einmal zu den »Open Houses« mitgenommen. Das ist die amerikanische Art, Immobilen zu verkaufen: Die zum Verkauf stehenden Häuser werden komplett ausgeräumt und von den Immobilienmaklern neu eingerichtet angeboten, auf die jeweilige Zielgruppe ausgerichtet. Nach der Besichtigung des dritten Hauses blieben die Enkelin und ich an einem Spielplatz in Piedmont zurück, wo sehr viele Mammutbäume standen, und wir sangen generationsübergreifend: »Was müssen das für Bäume sein, wo die großen Elefanten spazieren gehen, ohne sich zu stoßen.« Zuvor hatte einer der Makler meinen deutschen Akzent bemerkt und mich angesprochen. Sein Vater war in Frankfurt am Main geboren und konnte 1933 als Jugendlicher mit seinen Eltern nach Kalifornien fliehen. Herr Rosenzweig sprach über Frankfurt, als kennte er jede Straße, dabei war er nur einmal auf Einladung des Frankfurter Dezernats für Kultur in der Stadt gewesen. Sein Vater hatte jedoch täglich von Frankfurt gesprochen, erzählte er. Er sei nie wirklich in Kalifornien angekommen, er sei aber auch nie nach Deutschland zurückgekehrt. Das bringt mich in Gedanken zu meinem israelischen Freund und Kollegen

Uri Lev. Auch sein Vater fühlte sich in seinem Zufluchts-ort, in Haifa, nicht wohl. Er sprach den ganzen Tag von Lemberg. Sein Sohn, des ständigen Klagens müde, ver-ließ die Familie mit vierzehn Jahren, um im Kibbuz Miz-ra zu leben. Er heiratete später die Enkelin des Kibbuz-gründers. Heute haben Uri und Ruth vier Kinder und sieben Enkel, und alle wohnen im Kibbuz. Wie sehr ich sie beneide. Der Kibbuz ist entschieden das Modell, Fern-lieben zu vermeiden.

Meine Mutter und meine Tante erzählten den ganzen Tag von Gdansk, von ihrer Kindheit in Schönbeck, dem Kolonialwarenladen der Eltern und der Gastwirtschaft im Winter, dem Kirchgang nach Meisterswalde und ih-ren Jahren im Internat der Ursulinen in Danzig. Sie wei-gerten sich nach ihrer Flucht 1946 durch die Jahrzehnte hindurch, dorthin zurückzukehren. Alle Bemühungen ih-rer Ehemänner und der einzigen Tochter und Nichte wa-ren vergeblich. Eine schon gebuchte Reise mit dem Schiff von Lübeck nach Gdansk, die sich mein Vater als Über-raschung ausgedacht hatte, musste storniert werden. Bei-de behaupteten jeweils ein halbes Jahr vor ihrem Tod, jetzt wäre der geeignete Zeitpunkt, in die Heimat zurückzu-kehren, obwohl weder die eine noch die andere in der kör-perlichen Verfassung für eine solche Reise war. Sowohl die Tante als auch die Mutter hatte ich von Mannheim bzw. von Kronberg am Taunus in meinem Berliner Jahr-zehnt in die Hauptstadt geholt, um sie dort persönlich betreuen zu können. Ich stellte eine Reise nach Gdansk in Aussicht, die Tante ging mir auf den Leim und verstarb als Kettenraucherin friedlich mit vierundachtzig Jahren in Berlin am Fasanenplatz. Meine Mutter verhielt sich weise und wünschte eine Seebestattung in der Ostsee – so wollte sie endlich wieder nach Gdansk gelangen. Das wurde ihr dann mit einundneunzig Jahren zuteil. Die letzten sechs Monate ihres Lebens verbrachte die Mutter mit mir in Berlin-Gatow, mit einem historischen Stadtplan von Danzig, den ich im Antiquariat Düssel am Gendarmenmarkt gekauft hatte.

Nicht nur in Kladow bin ich nun Mitglied der öffentlichen Leihbücherei, sondern auch mit den Enkeln zusammen in der Contra Costa County Public Library, auf dem Hügel oberhalb von Berkeley am Tilden Regional Park. Die Kinder können dort spielen, malen und lesen oder man kann ihnen vorlesen. Mitglied darf werden, wer seinen Namen selbstständig und ohne Hilfe schreiben kann. Auch dafür lebt man, dass man die Enkel in Konzerte und in die Leihbücherei begleiten darf. Ich leihe mir den gerade erschienenen zweiten Band der Briefe von Sylvia Plath aus den Jahren 1956 bis 1963 aus, eine monumentale Edition, mit einem bewegenden Vorwort ihrer Tochter Frieda Hughes.

Das nahe gelegene Restaurant Kensington Inn auf den Hügeln zwischen Berkeley Hills und dem Tilden Regional Park ist wochentags morgens schon um 10 Uhr stark besucht von älteren Menschen, die bereits ihren Spaziergang hinter sich haben. Zum Frühstück gibt es sechzehn Variationen aus Eiern. Mein Favorit ist Omelett Firenza, gefüllt mit Spinat und Pilzen. Ein reizender Herr kommt auf mich zu und fragt: »Darf ich Sie etwas fragen? Ist Ihr Name Cindy?« – »Leider nein«, antworte ich. Ich hole Luft, um ihm zu erzählen, dass mein Vater mich als kleines Mädchen aber Cindy genannt hat und mir das Lied *Cindy, oh Cindy* vorgesungen hat, doch da war der Herr, sich entschuldigend, schon weitergegangen. Der Vater sang das Lied in der Version von Eddy Fisher, 1956, auf Englisch ebenso wie auf Deutsch in der Version von Margot Eskens. Die deutsche Coverversion hat einen etwas anderen Text, denn in ihr wird die arme Cindy von einem Mann verlassen. Eddy Fisher hingegen bittet seine Cindy, ihm treu zu bleiben, während er bei der Navy ist. Der Herr, der mich im Kensington Inn angesprochen hat, hat inzwischen das Restaurant verlassen. Es ist etwas Tragisches mit dieser Cindy, ich bin es nicht, aber eine andere war es auch nicht. Ich wende mich meinem Omelett zu und der Online-Ausgabe der *Süddeutschen Zeitung* des folgenden Tages, die durch den Zeitunterschied von neun Stunden bereits zum Frühstück statt zum Vorabend abrufbar ist. Ebenso etwas später das *Heute Journal* und die *Tagesthemen*. Alles passiert am Morgen. Das ist das Beste an der Zeitverschiebung, dass man alle Informationen des nächsten Tages bereits am Morgen vorfindet, und am Samstag ist zusätzlich die Bundesliga im Ticker.

Die Einschulung der Erstklässler, die in Deutschland

zunehmend als ein großes Familienfest gefeiert wird, so wie es auch in der Deutschen Demokratischen Republik früher üblich war, verläuft in den USA unspektakulär. Das ist erstaunlich, weil Kindergeburtstage und andere Festtage in Dimensionen gefeiert werden, die erhebliche Konsumketten in Gang setzen. Auf dem Schulhof der öffentlichen Berkeley Arts Magnet School machen die Eltern ein paar Fotos, es sind nur wenige Großeltern anwesend. Die älteste Enkelin ist nun eingeschult, und beruhigt über einen weiteren Bildungsbeginn in der Familie, fliege ich zurück nach Deutschland in die letzten 75 Tage im Suhrkamp Verlag. Meine 40. Frankfurter Buchmesse steht bevor.

Zu Beginn der sechziger Jahre hatte meine Mutter gelegentlich mein Kinderzimmer an Messegäste, Frühstück inklusive, vermietet. Zu den Frühjahrs- und Herbstmessen und zu der Automobilausstellung kamen Menschen aus fernen Ländern. Einmal stellte ein Besucher aus Indien tatsächlich einen runden Korb in das Zimmer. Die Mutter und ich hatten große Angst, dass dem Korb eine Schlange entweichen würde. Und irgendwann kam dann Frau Henske aus Lübeck, die sich leider mit meiner Mutter anfreundete und von da an mein Zimmer jedes Jahr zweimal belegte, bis sie ihr Geschäft für Stoffe und Keramik aus Skandinavien verkaufte. Jedes Mal brachte sie ein Kleid eines finnischen Herstellers für mich mit, welches ich nur an den Tagen ihrer Anwesenheit anzog, denn niemand in Frankfurt trug solche Kleider, und schon gar nicht in Frankfurt-Bornheim.

Die Frankfurter Buchmesse habe ich erstmals 1970 als Schülerin besucht. Ab 1973 fiel der Termin der Buchmesse für mich meist mit dem Semesterbeginn zusammen. Am letzten Tag der Messe eilten wir, die Studenten der Romanistik, an die Stände der französischen, spanischen und italienischen Verlage, um günstig einzukaufen. Von 1980 bis 2019 war ich dann auf der »richtigen« Seite mit einem Ausstellerausweis. Nie habe ich eine Messe ausgelassen. Als Rechte- und Lizenzhändlerin war es für mich das Datum des Jahres. Eine Gilde kommt zusammen – wie in der Antike oder im Mittelalter. Die meisten der ausländischen Kollegen sieht man nur einmal im Jahr – es war für mich immer der beste Teil des Berufslebens. Das hat sich auch in den Zeiten der digitalen Kommunikation nicht geändert. Man muss sich sehen, man muss sich einfach sehen, und nicht nur am Bildschirm – das gilt für die Enkel wie für die Kollegen aus 170 Ländern.

FERNARBEITEN

Es gibt soziologische Betrachtungen über Migration und über Tourismus. Über den Charakter von Geschäftsreisen kenne ich keine nennenswerten wissenschaftlichen Veröffentlichungen. Gerne würde ich darüber etwas erfahren, mehr darüber lesen, wie sich die Wahrnehmung von Ferne bei privaten und geschäftlichen Reisen verändert. Meine Aufenthalte in Kalifornien bei der Familie stellen keine Migration dar, sondern sind nur die indirekte Teilhabe an einer solchen. So unterscheide ich zwischen drei Arten des Reisens, in denen ich Erfahrungen gesammelt habe und die für mich nahezu unvereinbar sind: Reisen zu der im Ausland lebenden Familie, aus beruflichen Gründen und weil man ein Land kennenlernen oder sich erholen möchte. Dass man in ein anderes Land fährt, ausschließlich um sich zu erholen, hat sich mir nie erschlossen. Insofern war ich dankbar, dass ich einen Auftrag hatte, um zu reisen. Mein Beruf lässt sich unter dem Stichwort »Verbreitung von Inhalten aus Literatur und Wissenschaft auf dem Weltmarkt« zusammenfassen. Meine erste Übersetzungslizenz – das Recht, ein in deutscher Sprache geschriebenes Buch in eine andere Sprache übersetzen zu lassen und zu verlegen – verkaufte ich als junge Verlagsangestellte im Jahr 1980 an den französischen Verlag Gallimard. Es handelte sich um das Werk der beiden Publizisten Sebastian Haffner und

Wolfgang Venohr, *Preußische Profile*, welches in der Sachbuchreihe des Athenäum Verlags in Königstein am Taunus erschienen war. Es war das typische Anfängerglück, dass diese gewichtige Veröffentlichung, die zu einem Bestseller werden sollte, gerade herauskam, als ich nach meinem Studium die erste Woche als Verlagsangestellte absolvierte. Mein unbefristeter Einstellungsvertrag für den Athenäum Verlag und die AutorenEdition betraf eine Tätigkeit in den Bereichen Lizenzen und Presse. Die AutorenEdition war ein Autorenkollektiv, »Autoren verlegen Autoren«, die der Athenäum Verlag 1978 von der Bertelsmann-Gruppe übernommen hatte. Es wurde 1982 eingestellt. In den Jahren 1979 bis 1981 waren dort Bücher von Heinar Kipphardt, Peter Turrini, Uwe Timm und Peter Chotjewitz erschienen. Der Verleger hatte mir bei meinem Eintritt eine elektrische Schreibmaschine und zwei Karteikästen auf den Schreibtisch gestellt. In dem einen Kasten, der doppelt so lang war wie der andere, befanden sich die Adressen der deutschen Tageszeitungen und der Rundfunkanstalten mit den jeweiligen Ansprechpartnern, die die Rezensionsexemplare des Verlages erhalten sollten. Namen wie Rudolf Augstein, Marcel Reich-Ranicki, Fritz Raddatz und Joachim Kaiser waren zu lesen. In dem kleineren Kasten standen Namen von Verlagen aus dem Ausland, denen die Bücher zur Prüfung für eine Übersetzung in die verschiedenen Sprachen geschickt werden sollten. Ich war erfreut, die Namen der französischen und italienischen Verlage wiederzufinden, die die Autoren verlegt hatten, deren Werke ich im Studium kennengelernt hatte: Gallimard, Grasset, Seuil, Feltrinelli, Einaudi, Mondadori. Aber auch die Adressen und Ansprechpartner der berühmten New Yorker Verlage Farrar, Straus & Giroux, Alfred Knopf, Harcourt Brace Jovanovich und Pantheon standen auf den Karteikärtchen, handschriftlich notiert. Es waren auch die amerikanischen Verlage von Thomas Mann, Bertolt Brecht, Anna Seghers und Hermann Hesse. Ich war gerade sechsundzwanzig Jahre alt geworden und dachte, ich kann jetzt an die Lektoren schreiben, die in diesen berühmten Häusern arbeiten, und ihnen Bücher für eine Übersetzungslizenz ins Französische, ins Italienische oder Englische anbieten! Da wusste ich zum zweiten Mal in meinem Leben, was ich für den verbleibenden Rest machen wollte.

Meinen Klassenkameraden in der Grundschule in Frankfurt-Bornheim hatte ich gesagt: Ich werde Autorin, um ein Jahr darauf in der dritten Klasse mein Outing als Verlagsangestellte zu erleben. Die Lehrerin hatte erklärt, dass Astrid Lindgren mit ihrem Manuskript in ein Haus gehe – sie sagte nicht Verlag und schon gar nicht Rabén & Sjögren –, und dort seien Menschen, die ihr helfen, daraus ein Buch zu machen. Das war es doch! Das wollte ich werden. Ich rannte nach dem Unterricht nach Hause und sagte zu meiner Mutter: »Ich möchte ein Mensch werden, der Astrid Lindgren hilft, ein Buch aus dem geschriebenen Text zu machen.« Mit der ihr eigenen Mischung aus Interesse für das einzige Kind und völligem Unverständnis für sein manisches Le-

sen bestätigte die Mutter: »Ja, das wirst du.« Damit war
das Thema für alle Zeit erledigt. An den Berufswunsch Au-
torin hatte ich danach nicht mehr gedacht. Autoren bei der
Verbreitung ihrer Werke zu helfen, war das Spannendste, was
mir je untergekommen war. Das hatte ich in der dritten
Klasse erkannt.

Da ich nicht nur für die Autoren Haffner und Venohr erfolgreich war, sondern auf der Buchmesse 1980 in Frankfurt am Main einige andere Lizenzen ins Ausland verkaufen konnte, hatte der Verleger ein Einsehen, erweiterte den Bereich Lizenzen um die Vertragsgestaltung mit den Autoren, Übersetzern und Herausgebern, schickte mich auf ein Aufbauseminar, »Urheberrecht«, und befreite mich von der ungeliebten Pressearbeit. Dies geschah auch aus Selbstschutz, denn den ersten Roman des afrikanischen Autors Nuruddin Farah, der ebenfalls im Herbst 1980 in der AutorenEdition erschienen war, *Staatseigentum* (Originaltitel: *Sweet and Sour Milk;* heutiger Titel: *Bruder Zwilling*), aus dem Englischen von Inge M. Artl, hatte ich so flächendeckend in die deutsche Presselandschaft verschickt, dass in jedem Feuilleton eine kleinere Rezension oder zumindest eine Erwähnung erschienen war. Das hatte zur Folge, dass der Verleger sofort nach Erscheinen des Buches eine zweite Auflage drucken lassen musste, bevor er im Buchhandel auch nur ein Exemplar davon abgesetzt hatte. Die erste Auflage betrug 300 Exemplare, die Anfängerin hatte 150 an die Presse verschickt. Niemand hatte mir gesagt, wie hoch die erste Auflage war, und erklärt, dass die Freiexemplare in einem prozentualen Verhältnis zur gedruckten Auflage stehen müssen. Ich war über den Verlust der Pressearbeit erleichtert. Es ist eine sehr anstrengende Arbeit. Man spricht mit dem Journalisten sechzig Minuten über das jeweilige Programm und dann kommen doch eventuell schlechte Kritiken. Man kann es nicht beeinflussen. Das verhält sich im Lizenzbereich anders. Die Übersetzungslizenz erfolgt auf der Grundlage eines Vertrages, der die Honorare und Modalitäten der Lizenz regelt. Bei der Lizenz kann es sich um eine Übersetzung in eine andere Sprache handeln, um eine Verfilmung, eine andere Buchausgabe, ein Hörbuch. Von Lizenzen in digitale Formate wussten wir 1980 noch nichts. Der Charme dieses Handwerks, das sich der weltweiten Verbreitung von Inhalten widmet, hat mich dann die folgenden vierzig Berufsjahre begleitet. Das Handwerk kommt diskret daher, die meisten Menschen wissen nicht viel davon, aber es kann eine große globale Wirkung entfalten. Man braucht nur einen Text und kann ihn im besten Fall in hundert Sprachen lizenzieren, in verschiedene Film-, Theater- und Spielformate: Ein gutes Lehrbeispiel, um die Marktstärke von Lizenzen unter Beweis zu stellen, ist Joanne K. Rowlings Harry-Potter-Serie. Aber die gab es zu Beginn meines Berufslebens noch nicht. Was mich am Lizenzwesen immer besonders fasziniert hat, ist die strategische Aufgabe, die sich damit verbindet. Es gibt Inhalte, die sich für einen bestimmten Zeitraum eignen, und es gibt in der Literatur und in den

Geisteswissenschaften Themen und Motive, die zeitlos sind. Sich in den Dienst dieser Werke zu stellen und sie so zu platzieren, dass sie gemäß ihrer Art kurzfristig oder langfristig weltweit lieferbar sind – ich fühlte mich durch die Ausübung dieses speziellen Handwerks ausgezeichnet. Frankreich war – bedingt durch mein Studium und eine sehr frühe Liebe zu unserem Nachbarland – mein bevorzugter Handelsmarkt.

Gerhard Kemper, Romanist und Oberstudienrat am Heinrich-von-Gagern-Gymnasium in Frankfurt – der den Schülern empfahl, so wie er, morgens wie ein Engländer, mittags wie ein Deutscher und abends wie ein Franzose zu essen –, stand vor der Klasse und bereitete uns auf einen Austausch in der Partnerstadt Lyon vor. Sechs Wochen sollten wir dort in die Schule gehen, die Jungen auf das altsprachliche Gymnasium, die Mädchen zu den Ordensschwestern von Sainte Geneviève in der Altstadt. Ausführlich hatte Dr. Kemper erklärt, dass es in den Schulen in Lyon nicht so zuginge wie an unserem Gymnasium. Aber bei uns ging es ja auch erst seit einem Jahr so zu. 1969 wurden einige Alt-Nazis in die Frührente geschickt und neue Lehrkräfte eingestellt, die von der Universität Kursthemen mitbrachten wie »Sexualität und Aggression« und »Kapitalismus und Unterwerfung«. Es wurde unentwegt diskutiert, und es gab mehr Arbeitsgruppen als Schüler. So sei es aber in Frankreich nicht, trotz 68, erklärte Kemper, und er erwarte, dass die Schüler seiner Französischklasse sich den Gegebenheiten

anpassen würden. Von dem Verhaltenskodex in den Schu-
len leitete er über zu den Gastfamilien. »Egal, was in den
Familien über die Deutschen gesagt wird: Ihr bleibt höf-
lich.« Ich war begeistert. Ich fuhr nach Frankreich, weil mir
die Sprache gefiel und weil ich mich versöhnen wollte. Die
Eltern waren immer nur durch Frankreich gefahren, um an
der Costa Brava Urlaub zu machen. Ich fragte jedes Mal,
warum wir nicht in Frankreich blieben, das ich viel schö-
ner fand: die Camargue, Sète, Perpignan; aber die Eltern
sprachen kein Wort Französisch, und so fuhren wir erst mit
dem Käfer, dann mit dem VW 1500/1600 durch Frankreich
nach Spanien.

Jetzt konnte ich ohne die Eltern nach Frankreich fahren,
und ich sah mich als Botschafterin unseres Landes. Diplo-
matisch wollte ich sein und den Franzosen in allem Recht
geben, und ich bewunderte Herrn Kemper für seine Haltung.
Ausführlich hatte er die Verbrechen der Deutschen in Frank-
reich geschildert. Den Einwand einiger Schüler, wir hätten
bereits im Fach Geschichte die Nazi-Verbrechen, die Shoa
und den Zweiten Weltkrieg durchgenommen, ließ Kemper
nicht gelten. Geschichtsunterricht allein sei keine Voraus-
setzung für die Begegnung mit den Gastfamilien, es bedür-
fe seiner Instruktionen. Eine große Ehre sei es, dass es fran-
zösische Familien gebe, die bereit seien, uns aufzunehmen,
immerhin sechs Wochen lang, und die zudem entschlossen
waren, ihre eigenen Kinder im Sommer desselben Schuljah-
res in eine deutsche Familie zu entsenden. Angst brauchten
die Schüler nicht zu haben, die Gasteltern seien sicherlich

freundlich, jedoch sei nicht auszuschließen, dass unsere An-
wesenheit bei älteren Franzosen traumatische Erinnerun-
gen hervorrufen würde; darauf bereite der Geschichtsun-
terricht nicht vor. Ich war ergriffen und reiste ab mit dem
Vorsatz, den Franzosen zu gefallen und, soweit es meine
Sprachkenntnisse zuließen, zu erklären, dass unsere Gene-
ration dafür sorgen würde, dass es nie wieder einen Krieg
und Auschwitz geben würde.

Am Bahnhof in Lyon standen die Gasteltern und Aus-
tauschschüler mit Namensschildern in der Hand. Meine Part-
nerin hieß Lucette und stammte aus einer Bauern- und Win-
zerfamilie im Beaujolais. Die Mutter war Witwe mit drei
Kindern. Ihr Mann war, als sie mit dem dritten Kind schwan-
ger war, bei einem Traktorunfall ums Leben gekommen. Da
war Madame Margand gerade vierundzwanzig. Die zustän-
digen Lehrer in den Gymnasien in Lyon und Frankfurt hat-
ten die Teilnehmer des Austauschs kastenmäßig verteilt. Die
Kinder der Frankfurter Bankvorstände kamen zu den Kin-
dern der Lyoner Bankvorstände, die Ärzte-, Juristen-, und
Lehrerkinder ebenfalls zu ihresgleichen. Mein Vater war
nach seiner Tätigkeit im Automobil-Club Geschäftsführer
der Frankfurter Pelzmesse und des Pelzverbandes gewor-
den. Das gab es in Lyon nicht. Und so blieb mangels einer
möglichen Zuordnung die Witwe im Beaujolais übrig. In
der ersten Nacht im Bauernhaus schlief ich nicht. Als Ein-
zelkind war ich es nicht gewohnt, mit anderen das Zimmer
zu teilen. Ich verstand weder die Gastmutter noch Lucette.
Beide schienen liebenswürdig und sprachen melodisch. Die

diplomatische Mission, derentwegen ich angereist war, schien mir weit entrückt, und ich war verzagt. Zudem gab es kein Telefon auf dem Hof. Zehn Ziegen, zwölf Kühe, ein Schwein, Hühner, Katzen und einen schwarzen Labrador namens Mirette. Den Weinkeller und die Fromagerie, wo die hausgemachten Ziegenkäse in den unterschiedlichen Reifungsstadien lagerten, hatte man mir noch am Ankunftsabend gezeigt. Ich schrieb an die Eltern, dass ich gut angekommen sei. Der Briefträger sollte am nächsten Nachmittag kommen und den Brief mitnehmen. »Bonjour ma petite«, sang Madame Margand am nächsten Morgen durch die große Küche, in der sich alle aufhielten: Lucette, Mireille, Jérôme. »Du kannst mir helfen, Bohnen zu pflücken.« Auf ein Vokabular für den Bauernhof war ich nicht vorbereitet. Ich musste andauernd im Wörterbuch nachsehen. Das war mir peinlich, denn ich hatte das drittbeste Resultat beim Vorbereitungstest für den Austausch vorzuweisen. Der Fremde von Camus hatten wir in einer annotierten Schülerausgabe gelesen, und alles, was 1968 in Paris passiert war, hatten wir verfolgt, aber das interessierte im Beaujolais niemanden, und Lucette hatte zwar in der Schule ebenfalls Camus gelesen, aber er gefiel ihr nicht. Mireille und Jérôme gingen auf landwirtschaftliche Fachschulen und kannten Camus gar nicht. Marie Margand hatte die Schule bis zu ihrem vierzehnten Lebensjahr besucht. Sie kannte weder Camus noch Sartre noch Simone de Beauvoir. Ich versuchte, Haltung zu bewahren. Irgendwie hatte Herr Kemper Inhalte zu Frankreich unterrichtet, die im Beaujolais nicht vorka-

men. Auch von Deutschland wusste die Familie wenig, und über den Krieg und die Nazis wurde nicht gesprochen. Lucettes Großvater, die Zielgruppe meiner diplomatischen Offensive, erzählte, wie er einem deutschen Soldaten, der wohl desertieren wollte, geholfen hatte. Oder so ähnlich, denn ich verstand zwar von Tag zu Tag mehr, aber beileibe nicht alles, und so blieb die französische Sprache, die ich zu erlernen suchte, als Musik in meinen Ohren und die immer wiederkehrenden Lieder im Radio von Julien Clerc, Jean-Jacques Goldman, Johnny Halliday und Georges Moustaki verstärkten dies. Die Gespräche der Familie Margand drehten sich um die bevorstehende Weinlese, den Ziegenkäse, die Nachbarn, die unzähligen Verwandten, Hochzeiten und Geburten. Nach drei Wochen kannte ich die Namen der dreizehn Geschwister von Madame Margand und ihrer Kinder, der Cousinen und Cousins von Lucette, Mireille und Jerôme, was mir die Sympathien der gesamten Familie einbrachte. Ich lernte, wie man Mayonnaise schlägt, wie man Zitrone und einen Hauch von Butter an die grünen Bohnen gibt. Nach einer Woche war ich für die Zubereitung der Abendsuppe zuständig, und ich mischte die Vinaigrette aus Senf und Mayonnaise unter den Kopfsalat. Abends saßen wir zu fünft am langen Bauerntisch und guckten im Fernsehen Kriegsfilme, in denen hinterhältige und gemeine »boches« die Franzosen malträtierten. Niemand der Anwesenden brachte die Nazis und die deutschen Soldaten mit mir in Verbindung. Ich schon – den diplomatischen Auftrag verschob ich auf später.

Nach meinem ersten Besuch im Beaujolais kam ich je-
den Sommer wieder. Die Diplomatie vollzog sich glückli-
cherweise erfolgreich auf der politischen Bühne. Ich war
damit einverstanden und entlastet. Lucette und ich wur-
den enge Freundinnen. Wir besuchten uns im Wechsel, wo-
bei ich öfter im Beaujolais war als Lucette in Frankfurt. Es
war einfach viel schöner in Frankreich. Außerdem wurde
Lucette Weinkönigin und hatte Termine. Dass ich Frank-
reich, vor allem Paris, mit den Jahrzehnten viel besser kann-
te als die Freunde im Beaujolais, hat dort niemanden ge-
stört. Den Strukturwandel der Region, deren Wein in den
sechziger und vor allem siebziger Jahren durch die Nou-
velle Cuisine und den Beaujolais Nouveau gehypt wurde,
um dann mit Beginn der zweitausender Jahre in regionaler
Bedeutungslosigkeit zu versinken, habe ich aufmerksam
verfolgt. Die Verwandten von Lucette haben fast alle vom
Winzer auf soziale Berufe, Logistik und Tourismus umge-
stellt. Sie produzieren nur noch kleine Mengen für die je-
weils örtliche Weingenossenschaft.

1980 war die Frankfurter Buchmesse nicht wirklich
international. Es kam uns nur so vor, wir wussten alle
noch nichts von der zehn Jahre später beginnenden Globalisierung. Asien nahm damals mit Ausnahme von Ja-
pan noch nicht am Lizenzhandel teil, ebenso wenig wie
die arabischen Staaten. Die internationalen Urheberrechts-
abkommen, die gesetzliche Grundlage für den Lizenzhandel, waren in den achtziger Jahren noch nicht von allen
Staaten ratifiziert. Zehn Jahre später, als ich beim Luch-

terhand Verlag den Bereich Rechte und Lizenzen verantwortete und eng mit Günter Grass, Peter Bichsel, Peter Härtling, Ernst Jandl und ab 1991 auch mit Christa Wolf zusammenarbeitete, war die Situation eine völlig andere. Der Fall der Mauer bedeutete für die Werke der deutschen Literatur und Wissenschaft eine Expansion in andere europäische Sprachen. Es hatte schon vor 1990 unzählige Übersetzungen gegeben, aber der Kreis der literarischen und wissenschaftlichen Autoren und Autorinnen, die übersetzt und dann in einem Staatsverlag verlegt wurden, war aufgrund zensorischer Implikationen limitiert. Die Verleger in Tschechien, Polen, Ungarn, Bulgarien, Rumänien und in den baltischen Ländern gründeten in den neunziger Jahren private und unabhängige Verlage. Sie kamen mit leeren Programmlisten auf die Frankfurter und die Londoner Buchmesse, um Autorenrechte einzukaufen. Was für Chancen taten sich für die britischen, französischen, deutschen, spanischen, italienischen und skandinavischen Verlage auf! Ein reger multilateraler Handel begann. Jeder neu gegründete Verlag in Mittel- und Osteuropa bedeutete, neue Leser und Leserinnen für alle anderen europäischen Autoren zu gewinnen. Nach den Kriegen auf dem Balkan, spätestens nach 1999, kamen Slowenien, Kroatien, Serbien und Bosnien dazu. Es ging zu Beginn der neunziger Jahre nicht um hohe Lizenzabschlüsse mit den osteuropäischen Staaten, es ging darum, Programmplätze für Werke zu schaffen, die allen Verlagen in Europa einen langfristigen Umsatz sichern. Ich weiß bis heute nicht, ob es den Politikern in Brüssel bekannt ist, wie viel die europäischen Autoren, Autorinnen, Verleger und Verlegerinnen zum Gelingen der Union beigetragen haben. Nach und nach traten dann in den neunziger Jahren weitere Marktteilnehmer dem Welturheberrechtsabkommen bei, in Asien China und Korea, was den Weltmarkt völlig neu ordnete, zudem etliche arabische Länder und afrikanische Staaten. Der Welthandel mit Literatur, Sachbuch, Wissenschaft, Kinderbuch, mit Theater- und Filmstoffen hatte begonnen, jeder konnte mit jedem Verträge abschließen. Die bereits bestehende Vorherrschaft der in englischer Sprache schreibenden Autoren aus fünf Kontinenten trat ihren Siegeszug auf den internationalen Bestsellerlisten an, gefolgt von den Werken aus dem Spanischen. Für alle anderen europäischen Literaturen galt es, Verbreitungssysteme und Netzwerke zu entwickeln, um für ihre in den verschiedenen nationalen Sprachen schreibenden Autoren Märkte zu finden.

Mein Eintritt in den Suhrkamp Verlag erfolgte am 1. Februar 1995. Am 8. November 1994 hatte ich den Arbeitsvertrag unterschrieben und bei Luchterhand gekündigt. Ich sollte mich in erster Linie um die Übersetzungslizenzen kümmern. Der Suhrkamp Verlag wurde am 1. Juli 1950 von Peter Suhrkamp gegründet, von Anfang an dabei war Helene Ritzerfeld, die die Abteilung Rechte und Lizenzen aufgebaut hatte und sie seitdem leitete. Herr Dr. Unseld hatte mich Frau Ritzerfeld am

19. September 1994 vorgestellt. Unser Altersunterschied betrug genau vierzig Jahre. Ich war vierzig, Frau Ritzerfeld achtzig. Sie arbeitete und wohnte im dritten Stock des Verlagshauses. Ihr Ruf war zu Recht legendär. Sie herrschte über den Bestand der Autorenrechte und wollte weder das Wissen darüber noch die Funktion teilen. Da der Markt aber global wurde, schaffte sie es nicht mehr ohne Hilfe. Das war nicht ihre Ansicht, sondern die des Verlegers Siegfried Unseld. Ich hatte Verständnis, dass sie nicht teilen wollte. Ich hätte ein solches Imperium auch ungern geteilt. Am glücklichsten war Frau Ritzerfeld, wenn ich jeden Tag pünktlich um 16 Uhr den Verlag verließ, um von der Lindenstraße im Frankfurter Westend über die A66 nach Hause in Hofheim-Wildsachsen zu gelangen. Dann begann für sie die Fortsetzung der Arbeit ohne Störung und Präsenz einer möglichen Nachfolgerin. Sie winkte mir zum Abschied des Tages immer sehr freundlich zu und war am nächsten Morgen ein bisschen enttäuscht, wenn ich pünktlich um 7.45 Uhr eintrat, um sie meinerseits sehr freundlich zu grüßen. »Guten Morgen, Frau Ritzerfeld.« Sie kam jeden Morgen um 7.30 Uhr. In den fünf gemeinsamen Jahren, die uns vergönnt waren, hat sich an diesem Ritual nie etwas geändert. An meinem zweiten Arbeitstag führte mich Frau Ritzerfeld durch den vierten Stock und stellte mich den Lektoren vor. Bis auf Elisabeth Borchers waren es nur Männer. Die meisten sahen nicht einmal von ihrem Manuskript auf. Ich hatte auch nicht den Ein-

druck, dass sie Interesse hatten, sich meinen Namen zu merken.

Helene Ritzerfeld saß am Schreibtisch von Peter Suhrkamp, einen Bleistift, einen Füller, einen Block und ein Diktiergerät neben sich. Sie diktierte drei Bänder pro Tag: Briefe an die Autoren, Vertragsverhandlungen, abschlägige Antworten auf unzumutbare Lizenzanfragen. Mit dem Füller trug sie zur Erleichterung der Mitarbeiterinnen in der Textzentrale, die die Diktate auf den Tonbändern in Briefe und Anlagen verschrifteten, folgende Informationen auf ein Deckblatt: In der einen Spalte stand der Adressat, in der anderen die Länge des diktierten Briefes; Heiner Hesse 1-25, Giorgio Strehler 25-34, Stephen Joyce 35-42, Hans Magnus Enzensberger 43-63. In den Regalen hinter ihrem Schreibtisch standen alle Übersetzungen der Werke von Brecht, Hesse und Frisch. Diese drei Autoren rangierten konkurrenzlos aus dem Alphabet herausgelöst. Die Regale gegenüber ihrem Schreibtisch begannen dann mit dem Alphabet: Theodor W. Adorno ... Jurek Becker ... Thomas Bernhard. Die Übersetzungen der Werke der Autoren, die die Ehre hatten, in Frau Ritzerfelds Zimmer zu stehen, stellte sie eigenhändig ein, die anderen Belege, die im nächsten Zimmer standen, also ab dem Buchstaben C durften meine Kollegin Claudia Brandes und ich einstellen. Auch in die von ihr entwickelte Datenbank RITZ1 durften wir nichts eintragen. Das blieb ihr vorbehalten. Die damals schon veraltete Windows-DOS-Datenbank-Anwendung Open Access 4, kurz OA4, war zwar nicht besonders bedienungsfreundlich, es ließen sich aber mit vergleichsweise wenig Aufwand innerhalb des Unternehmens Daten mit Verknüpfungen zu anderen Tabellen erstellen. In der Tabelle RITZ1 wurden die Auslandslizenzverträge verwaltet, mit den Zuordnungen »Land, Lizenznehmer, Titel, Vertragsbeginn, Laufzeit, Vorauszahlung und Honorare«. Als Helene Ritzerfeld die ersten Datenbanken im Bereich Rechte und Lizenzen für den Suhrkamp Verlag entwickelte, war sie schon über achtzig. Dass sie dieser Datei einen personalisierten Namen gab, RITZ1, zeugt von solidem Selbstbewusstsein und nimmt die Entwicklungen im Silicon Valley vorweg. Helene Ritzerfeld war eine Virtuosin: Sie spazierte durch die Werke von Brecht, Hesse, Frisch, Johnson und Koeppen wie Vladimir Horowitz durch Scarlattis Klaviersonaten. Einem Verleger aus Südkorea hat sie binnen einer halben Stunde ein komplettes und umsatzstarkes Programm mit den Werken von Hermann Hesse entwickelt. Es waren die letzten Jahre im analogen Zeitalter. Wir ahnten es, konnten uns aber die einschneidenden Veränderungen in den Arbeitsprozessen noch nicht genau vorstellen. Jeweils im Frühjahr und Herbst brachte die Post Hunderte von gedruckten Verlagsprogrammen aus aller Welt. Es vergingen Tage, bis wir alle relevanten Informationen aus den Katalogen der internationalen Verlage entnommen hatten im Hinblick auf die alles entscheidende Frage: »Welcher unserer Autoren passt in welches ausländische Verlagsprogramm?« Noch heute denke ich, dass der Erfolg, den wir hatten, auch mit der stundenlangen Lektüre dieser Programmvorschauen zu tun hatte. Der digitale Klick spart Papier, ist ökologisch sinnvoll, aber er verleitet zu vorschnellen Einschätzungen. Zu vieles wird weggeklickt und übersehen. Der Schwerpunkt des Arbeitsprozesses liegt nicht mehr in der Breite, sondern in der Blase. Ich habe das manchmal bedauert und versucht, die breite Gegenwart des analogen Arbeitens ins digitale Zeitalter zu retten.

Die Frankfurter Buchmesse 1995 war meine erste Buchmesse für den Suhrkamp Verlag. Der Turiner Verleger Giuglio Einaudi traf Marcel Beyer, dessen Werk *Flughunde* er in italienischer Sprache verlegen wollte. Ich war dort angekommen, wo ich seit meinen ersten Erfahrungen mit Büchern hatte sein wollen, in der Mitte des Literaturbetriebs bei einem der besten Verlage weltweit, der mit den Werken seiner Autoren die Grundlage für einen erfolgreichen Handel bildete. Der Empfang für die ausländischen Verleger und Agenten im Haus von Siegfried und Ulla Unseld, der am Samstagmorgen der Frankfurter Buchmesse stattfand, bildete für mich den absoluten Höhepunkt meiner bisherigen beruflichen Laufbahn. Der Empfang war von Siegfried Unseld in den sechziger Jahren eingerichtet worden, später als der Kritikerempfang, der 1959 zum ersten Mal stattfand. Auf der Einladungskarte zum Empfang 1995 standen Siegfried Unselds, Helene Ritzerfelds und mein Name. Ich war der Ohnmacht nahe. Frau Ritzerfeld erzählte mir zum Glück vor der Mes-

se, wie entsetzt sie gewesen sei, als einmal eine Mitarbei-
terin, in die sie auch eine, allerdings nur kleine Hoffnung
gesetzt hatte, während des Empfangs für die ausländischen Verleger sich von den dargereichten Häppchen genommen hatte und mit vollem Mund auf eine Frage des
britischen Soziologen und Wissenschaftsverlegers John
Thompson zu antworten gezwungen war. Ich war Frau
Ritzerfeld für die Erwähnung dieses unverzeihlichen Miss-
geschicks sehr dankbar. Nach der Messe saß ich wieder
im Suhrkamp Haus in der Lindenstraße in Frankfurt am
Main. Mein Büro lag schräg gegenüber dem von Helene
Ritzerfeld mit Blick auf den Hof. Wenn morgens der blaue
Jaguar Siegfried Unselds auf den Parkplatz einbog, fühlte ich mich geborgen.

Knapp ein Jahr später, am 23. August 1996, erschien *Die
Geschichte der italienischen Literatur* meines Mannes. Am
26. September fand die Buchpremiere mit den italienischen Autoren Luigi Malerba und Paola Capriolo sowie
den Literaturwissenschaftlern Maria Gazetti und Wolf
Dieter Lange statt. Die Verlegerin Inge Feltrinelli gab zu
der Literaturgeschichte eine positive Stellungnahme ab.

Es waren die Sommer meines Lebens: beruflich und
privat. Bis 2001 mein Mann an den Folgen eines Auto-
unfalls starb. Wie kann ich weiterleben, fragte ich mich.
Auf den Bäumen kann man weiterleben wie der Baron in
dem gleichnamigen Roman von Italo Calvino. Mit den
Büchern auf den Bäumen. Der Text und seine vielfachen
Möglichkeiten der Rezeption, der Nutzung, der Verwer-

tung, das literarische und das wissenschaftliche Werk. Ein Kosmos, in dem wir beide eins und unzertrennlich waren. Seitdem bin ich allein mit all den Büchern und Werken und ihrer Verbreitung und der Lektüre und dem Ordnen und Sichten von Bibliotheken und dem Vorlesen der Bücher für die Enkelgeneration.

Die Globalisierung des Buchmarktes zog die Gründung von Buchmessen in außereuropäischen Ländern nach sich. Die deutschen Verleger und Lektoren waren geschätzte Gesprächspartner und wurden häufig eingeladen. Eine rege Reisetätigkeit der deutschen Buchbranche in die neuen Märkte nach Asien, Arabien, Indien, Russland, Brasilien begann. Ich habe keinen Vergleich zu dem Handel mit anderen Produkten: Wasserpumpen, Porzellan, Bekleidung zum Beispiel, ich hatte aber immer den Eindruck, dass das Geschäft mit Inhalten, gleichgültig ob es sich um Literatur, Unterhaltung, Krimi, Kinderbuch, Sachbuch, Kochbuch handelt, eine besondere Art der Nähe zwischen den Geschäftspartnern erzeugt, auch wenn diese aus anderen Kulturkreisen kommen. Buchinhalte sind der Spiegel ihrer Gesellschaften. Verlage, die bereit sind, die Kosten für Übersetzungen zu finanzieren, werden sich nicht nur mit den Absatzmöglichkeiten und zu erwartenden Umsätzen beschäftigen, sondern mit der gesellschaftlichen Relevanz des Textes, den sie von einem Autor aus einem anderen Land verlegen und vertreiben. Es bringt Umsatz und Anerkennung, wenn es der Autor auf eine Bestsellerliste schafft, einen wichtigen Buchpreis gewinnt oder sogar mit dem Nobelpreis ausgezeichnet wird. Die Tage der Begegnung sind mit Terminen angefüllt. Zeitraubende Besichtigungen von Sehenswürdigkeiten bleiben einem erspart. Anstelle der obligatorischen Sehenswürdigkeiten habe ich in jeder Stadt Buchhandlungen und Verlage besucht, soweit dies möglich war. In den Ländern, wo ich die Schrift nicht lesen konnte, bin ich in Begleitung von Kollegen oder Übersetzern in die Buchhandlungen gegangen. Im analogen Zeitalter stand ich dort mit Block und Stift und notierte, welche Übersetzungen aus dem deutschsprachigen Raum in den Regalen stehen. Ab der Jahrhundertwende war die Kamera im iPhone hilfreich. In den Buchhandlungen in Paris, Madrid, Rom, Amsterdam, Prag, Budapest, Ljubljana und Kopenhagen war ich zufrieden über die Anzahl der in die jeweilige Landessprache übersetzten, deutschsprachigen Literatur. Mein Waterloo erlebte ich außerhalb einer Geschäftsreise Jahrzehnte später als Großmutter in der Buchhandlung Kepler's in Menlo Park. In der umsatzstarken Vorweihnachtszeit des Jahres 2016 in einer großen Buchhandlung in einer der reichsten Gegenden der Welt gab es lediglich eine englische Ausgabe eines deutschen Autors: Bertolt Brecht, *Love Poems*, erschienen 2014 bei Liveright in der großartigen Übersetzung von Tom Kuhn und David Constantine. Das war entschieden zu wenig Europa im Silicon Valley.

Geschäftsreisen haben mich nie angestrengt, im Gegenteil. Ich hatte das Gefühl, mehr von der Gesellschaft eines Landes zu verstehen als bei allen touristischen Reisen. Wann immer ich in der zweiten Dekade des 21. Jahrhunderts auf den Spielplätzen im Silicon Valley und in der Bay Area saß, vermisste ich die Sicherheit und den gesellschaftsrelevanten Kompass der Geschäftsreise. Man ist im Thema geborgen. Man hat eine Visitenkarte, die eine Expertise ausweist. Soll ich mir eine Businesskarte zulegen, auf der Großmutter steht? Großmutter auf zwei Kontinenten. Das ist kein Alleinstellungsmerkmal.

Kolkata

Auf einem der zahlreichen transatlantischen Flüge lese ich im *New York Magazine* den Artikel »The planet fights back« von David Wallace-Wells. Dort steht, dass Städte wie Kolkata in fünfzig Jahren unbewohnbar werden. Das wäre eine Katastrophe, denn es ist eine liebliche Stadt. Als Kinder sangen wir das Lied *Kalkutta liegt am Ganges* von Vico Torriani, in dem es um die Liebe zu einer Frau namens Madeleine und um viele Flüsse geht, außereuropäisch um den Ganges, den Nil und den Kongo. Ich besuchte Kalkutta, das seit 2001 den bengalischen Namen Kolkata trägt, geschäftlich viermal zwischen 2008 und 2017. Mein erster Eindruck deckte sich mit meinen Sehnsüchten und den daraus folgenden Erwartungen. Entweder man flieht oder man liebt. Ich liebte. Ich lernte, dass Kolkata nicht am Ganges liegt, sondern am Hugli, einem Mündungsarm im westlichen Ganges-Delta. Das hat mich irritiert. Wenn man fast fünfzig Jahre davon ausgeht, dass Kalkutta am Ganges liegt, und nun erfährt, dass es am Hugli liegt, was schweizerisch klingt, aber sowohl in deutscher als auch in englischer Sprache eher holprig über die Lippen geht, ist man enttäuscht. Während der Buchmesse 2007 hatten mein Kollege Ulrich Breth und ich im Suhrkamp Haus in Frankfurt den Verleger Naveen Kishore aus Kolkata kennengelernt, der eine literarische Reihe mit deutschsprachigen Autoren in seinem Verlag Seagull Books einzurichten beabsichtigte. Er wollte hierfür Übersetzungsrechte von Suhrkamp erwerben. Wir dachten an Rechte für die Sprachen Hindi und Bengali. Er wollte Weltrechte für die englische Sprache. Dies stand in direkter Konkurrenz zu den Verlagen in New York und London und fand zunächst nicht unser Interesse, bis Naveen eine Einladung aussprach, Kolkata zu besuchen und den Markt und die Situation vor Ort kennenzulernen. Wir flogen über Delhi nach Kolkata und landeten kurz nach Mitternacht, wo uns Naveen mit seinem Auto abholte. Diese erste Fahrt vom Flughafen zum Hotel gehört seitdem zu den ikonischen Momenten meines Lebens. 2008 lebten noch viele ärmere Familien auf der Straße. Das hat sich in der vergangenen Dekade deutlich geändert. Manchmal denke ich, in Kolkata ziehen sie von der Straße in die Häuser, in San Francisco ziehen sie aus den Häusern auf die Straße. Die Betriebsamkeit der bengalischen Metropole mit den überfüllten Bussen, dem

Gedränge auf den Straßen, den offenen Küchen und den tausend Gerüchen kontrastiert mit der intensiven Ruhe an einigen Orten in der Stadt: dem Haus des großen bengalischen Dichters, Malers und Komponisten Rabindranath Tagore, der als erster Asiate den Literaturnobelpreis erhielt, dem Botanischen Garten entlang des Hugli und dem Park um das Victoria Memorial. Die Zeit verrinnt an diesen Orten langsamer, und man kann sich in der Wärme des Monats Januar dem Spiel von Licht und Schatten hingeben. Der erste Besuch in Kolkata und Delhi diente also der Marktbegehung und der Planung einer deutschsprachigen Buchreihe, die dann auch relativ zügig in einer Kooperation zwischen Seagull Books, dem Goethe-Institut und dem Suhrkamp Verlag eingerichtet wurde. Später kamen weitere deutschsprachige Verlage als Vertragspartner hinzu. Der indische Buchmarkt mit der Dominanz der britischen und amerikanischen Medien-Konglomerate und den vielen kleinen, unabhängigen Verlagen, deren Buchproduktion sich auf mindestens 120 verschiedene Sprachen bezieht, ist einzigartig. Jedoch gibt es für Sprachen wie Hindi, Bengali, Tamil, Malayalam, die Millionen Leser zu binden vermögen, nur eine Handvoll Übersetzer und Übersetzerinnen, die aus dem Deutschen übersetzen können. Hermann Hesses Roman *Siddhartha* gehört zu den wenigen Werken deutscher Autoren, die in mehr als zehn indische Sprachen übersetzt wurden. Buchhandlungen im europäischen Stil gibt es in Kolkata wenige, der Buchhandel findet vor allem an Ständen im Universitätsviertel in der College Street statt. Ich kaufe ein Buch, auf dem Thomas Mann abgebildet ist. Dem Copyright-Vermerk entnehme ich, dass es sich um eine bengalische Übersetzung von *Tonio Kröger* und anderen frühen Erzählungen handelt. Die Wagen mit den Büchern stehen entlang der Universitätsinstitute, so wie die Stände der Bouquinisten in Paris entlang der Seine. Der Übersetzer Subroto Saha führt mich in das berühmte Indian Coffee House, auch Philosophencafé genannt, das mindestens so viele Autoren und Philosophen beherbergt hat wie das Café de Flore und das Café Les Deux Magots in Paris. Neben der erwarteten britischen Vorherrschaft in Architektur, Gartenplanung, Clubwesen und Sport überraschte mich die Vielfalt der Verbindungen zwischen Kolkata und der französischen Hauptstadt.

Ein Freund, der am Indian Institute of Management in Kolkata lehrt, lädt mich zum Dinner in den vornehmen Bengal Club ein, in dem damals nur Männer als Mitglieder aufgenommen wurden. Frauen waren als Begleitung willkommen. The Bengal Club wurde 1927 gegründet, ab 1959 durften auch indische Bürger Clubmitglieder werden. Wir sitzen im Salon und sprechen über den Generationenbogen. Varun fliegt regelmäßig von Kolkata nach Hyderabad, wo seine Mutter wohnt. Mit seinen Geschwistern hat er ein alternierendes Betreuungssystem entwickelt. Von Hyderabad fliegt er nach Delhi, wo seine Frau, aus Kolkata kommend, schon auf ihn wartet und beide die Enkel betreuen, während die Kinder arbeiten. Wie viele meiner gleichaltrigen Freunde in aller Welt lebe auch ich in der Mitte zwischen den Generationen. Das Mehrgenerationenhaus meiner Urgroßeltern stand in Wiesloch in Nordbaden, jetzt schwebt es zwischen Berlin und San Francisco. Eine *cloud*, in der wir lieben.

Vier Jahre nach Aufnahme der Geschäftsbeziehungen zwischen dem Suhrkamp Verlag und Seagull Books gründete der Verleger Naveen Kishore am 2. April 2012 die Seagull School of Publishing. Fünfzig Studenten und Studentinnen erhalten zweimal im Jahr drei Monate eine Zusatzausbildung in Lektorat, Produktion und Vertrieb. Internationale Verlagsfachleute werden als Dozenten verpflichtet. Ich flog Anfang Juli, ein vom Klima her ungünstiger Termin, zum ersten Unterricht. Als ich nachts beim Umsteigen in der Heineken Bar im Flughafen von Abu Dhabi saß, dachte ich, warum tust du dir das an. Es wird doch jemanden in Indien geben, der den Studenten Vertragsverhandlung und Lizenzverkauf erklären kann. Nun war es aber zu spät, diese Frage zu stellen, denn ich saß am Tresen, auf den Anschlussflug nach Kolkata wartend, mit anderen Gast- und Migrationsarbeitern und einigen Touristen und trank ein großes Bier in einem Land, wo die Einheimischen keinen Alkohol trinken. Nach der Landung in Kolkata brachte mich der Fahrer spät am Abend in meine Unterkunft in den Tollygunge Golfclub. 1895 von den Engländern als Pferdesportanlage entworfen und gebaut, liegt der Club in einer großen und ruhigen Parkanlage im Süden Kolkatas. Die relative Frische war willkommen. Am nächsten Morgen wurde ich um 4 Uhr durch Rufe auf dem Grün geweckt. Ein Golfturnier hatte so zeitig begonnen, da man nach 8 Uhr morgens keinen Sport mehr ausüben konnte. Interessiert schaute ich zu, wenngleich ich keine Kenntnisse über den Golfsport habe. Aber das dürre Grün, die nächtliche Stunde, die weißgekleideten Herren, die aufgehende Sonne, der langsam schleichende Schakal am Rand des Parks und die ersten Geräusche aus der Hotelküche brachten mich in einen heiteren und zuversichtlichen Zustand, dass die Reise zu der Schule ihren Sinn hatte und ich nützlich sein konnte. Dieser Eindruck verstärkte sich fünf Stunden später im Unterrichtsraum: überwiegend Frauen, die von der Gründung eines eigenen Verlages träumten. Ich gab alles, um diesen Traum zu nähren. »Was für ideale Voraussetzungen für das Verlegen habt ihr«, sagte ich zu den Hörerinnen. »Zwei Sprachen in jedem Fall, das Englische und mindestens eine indische Sprache. Was für ein riesiger Markt für gedruckte und digitale Inhalte und Produkte!« Gemeinsam kamen wir ins Schwärmen, wie die jungen Verlegerinnen Lizenzen auf dem Weltmarkt erwerben. Wie sie eigene Stoffe zu Büchern und eBooks machen und Lizenzen an Filmstudios und Streamingdienste verkaufen. Nichts schien unmöglich in diesen beiden Tagen, und meine Zweifel waren verflogen. Mein letzter Abend in Kolkata war der 14. Juli, der französische Nationalfeiertag. Ich lernte, dass dies auch in Kolkata ein gesellschaftlich wichtiger Tag war. Dankbar nahm ich die

Einladung von Naveen an, ihn in das französische Konsulat zu begleiten. Außer meinem Gastgeber kannte ich dort niemanden. Ich dachte an die Empfänge am 14. Juli in der französischen Botschaft in Berlin und im Konsulat in Frankfurt am Main. In beiden Städten hatte ich einen Heimvorteil in Bezug auf die bilateralen Beziehungen zwischen Frankreich und Deutschland. Das hatte ich mir erarbeitet. Selbstbewusst hatte ich in Berlin mit den anderen Gästen die Marseillaise, die deutsche Nationalhymne und die Europahymne gesungen. In Kolkata kannte ich nicht eine Zeile der indischen Nationalhymne. Es gab etliche Reden und bengalische Musik, und es dauerte sehr lange, bis endlich die leckeren Büfetts eröffnet wurden. Ich hatte bereits zu Beginn des Abends eine strategisch günstige Position in der Nähe des Büfetts eingenommen, das mit bengalischen Spezialitäten bestückt war. Da der Raum, in dem wir dichtgedrängt standen, sehr groß war, war mir entgangen, dass die beiden anderen dicht umlagerten Büfetts Unmengen an französischem Käse offerierten. Meine Sorge, zu wenig auf den Teller legen zu können, war unbegründet, denn alle anwesenden Bengalen stürzten sich auf den Camembert, den Ziegenkäse, den Gruyère und die anderen zwanzig Sorten, die für viel Geld aus Paris eingeflogen worden waren. Eine Käseorgie am 14. Juli. Eine Ausnahme, ein Fest für den Gaumen, denn die meisten Supermärkte in Kolkata führen keinen französischen Käse. Der Transport der empfindlichen Ware ist zu teuer und die sachgerechte Lagerung vor Ort zu kompliziert. Die Gäste, mit denen ich an einem Tisch gelandet war, sahen mitleidig auf meine Linsen und mein Hähnchen. Sie konnten es nicht nachvollziehen, dass ich keinen Käse genommen hatte, und fragten mitleidig, ob ich eine Lactose-Intoleranz habe. Es war und blieb wegen des Klimas der einzige 14. Juli in Indien. Auf dem Rückflug nach Europa, diesmal über Delhi, blickte ich ungefähr vierzig Minuten nach dem Start aus dem Fenster des Flugzeugs. Ich wollte meinen Augen nicht trauen: Aus den Wolken ragten schneebedeckte Gipfel. Ich musste nach oben schauen zu der Gebirgskette, nicht nach unten, wie wenn man über die Alpen fliegt. Ich saß wie paralysiert und hauchte zu meinem Nachbarn. »Ist das der Himalaya?« Er sah kurz und etwas irritiert von seinem Laptop auf. »Of course.« Ich drückte mein Gesicht für die nächste halbe Stunde an das Fenster. Nie hatte ich etwas Ergreifenderes gesehen.

Im März 2017 unterrichtete ich zum letzten Mal in der Seagull Publishing School. Den langen Flug dorthin hatte ich nicht mehr in Frage gestellt. Vor meinem geistigen Auge sah ich mehrere Generationen von Verlegern und Verlegerinnen, die ihr Leben literarischen und wissenschaftlichen Inhalten und deren Verbreitung widmeten. Am Geburtstag der Enkeltochter ging ich mit Subroto Saha durch den Botanischen Garten entlang des Hugli. Er drehte ein Video von mir, worin ich dem Kind gratuliere. In Kolkata ist man definitiv weit weg von Kalifornien. Die vielen indischen Großeltern, die mit mir von

Frankfurt nach San Francisco fliegen, waren vierundzwanzig Stunden unterwegs. Ich hatte einige von ihnen gefragt, warum sie nicht den Weg über den Pazifik nehmen und von Delhi direkt nach San Francisco fliegen. Sie antworteten mir, dass es keinen Direktflug gebe, und erklärten, wie umständlich es sei, in Asien zweimal umzusteigen oder länger, über Melbourne oder Wellington, zu fliegen. Nein, dann lieber über Europa. Im Video tue ich so, als wäre ich ganz nah – »nah im Herzen« ist der Code beim Fernlieben.

Slowenien

2023 wird Slowenien Gastland auf der Frankfurter Buchmesse sein. Die deutschen Verlage werden den Buchhändlern, den Medien und den Lesern den ein oder anderen neuen slowenischen Autor in einer deutschen Übersetzung vorstellen. Zur Vorbereitung des Gastlandauftritts lud die slowenische Buchagentur unter Leitung von Renata Zamida in den vergangenen Jahren jeweils eine kleine Gruppe von deutschen Lektoren und Journalisten ein. Ich hatte im Juni 2017 das Glück, an einer dieser Reisen teilzunehmen, da auch mein Fachbuch über Rechte und Lizenzen ins Slowenische übersetzt werden sollte und ich mit der Übersetzerin ein wenig zu arbeiten hatte. Deutschland ist für die meisten kleineren Buchmärkte ein sogenannter »Mittlermarkt«. Das bedeutet, wenn ein slowenischer Autor in die deutsche Sprache übersetzt wird, steigen die Chancen auf Übersetzungen in andere Sprachen. Ljubljana, die Hauptstadt von Slowenien, ist ein Ort für Buchliebhaber: Buchhandlungen, Antiquariate, Buchakademien sind überproportional zu der Bevölkerungsdichte vorhanden, es gibt umfangreiche Buch- und Leseförderungen. Das Land mit seinen Grenzen zu Österreich, Ungarn, Kroatien und Italien bildet die Schönheit und Vielfalt von Europa wie in einem Mikrokosmos ab. Aber ebenso den Schrecken des Zweiten Weltkriegs, die Aufteilung des Landes zwischen Deutschland, Italien und Ungarn, die Massaker und Vertreibungen, sowie die Jahre in einem vereinigten sozialistischen Jugoslawien unter Staatspräsident Tito, die Loslösung vom jugoslawischen Staatenbund mit der Unabhängigkeitserklärung am 25. Juni 1991: Zeitgeschichte, die in jeder slowenischen Familie deutliche Spuren der Verletzung, der Trennung und politische Differenzen hinterlassen hat. In den Gesprächen mit den Autoren und Wissenschaftlern, die wir auf der Rundreise kennenlernen durften, waren die historischen Ereignisse präsenter, als der Zeitraum vermuten ließ, der seit der Gründung des Staates vergangen war. Die Erinnerungen finden Ausdruck in den Romanen, den Gedichten, den Erzählungen und den Theaterstücken der Slowenen, die neben dem Historischen das allgemein Menschliche, das Ontologische und das Metaphysische wie jede Literatur in der Welt aufgreifen und transformieren. Ohne die Literatur eines Landes verstehen wir nichts von seiner Geschichte und seinen Menschen. Der europäische Kontinent mit seinen vielen Sprachen ist ein besonderes Portfolio für Übersetzungen. Die Vielfalt der Landschaft in Slowenien wird ergänzt durch die kulinarische Vielfalt mit ihren slowenischen, italienischen, österreichischen, kroatischen und ungarischen Ingredienzen.

Es gab viele Höhepunkte auf dieser Reise. Einer war das Abendessen mit dem Philosophen Slavoj Žižek in dem Hotel Vila Bled, in dem gleichnamigen Badeort am gleichnamigen See. Ich hatte die Ehre, neben dem Autor zu sitzen. Mangels Kenntnissen seiner Thesen und in großem Respekt vor seiner Intelligenz gelang es mir, das Gespräch eher auf private Themen wie Ehe und Kinder zu lenken. Beide überzeugt von ehelichen Lebensgemeinschaften, waren wir uns einig, dass es zweckmäßig sei, den Heiratsantrag möglichst schnell auszusprechen, bevor es sich der oder die Gefragte anders überlegt. Dass dies in mehrere Ehen münden kann, fanden wir folgerichtig. Ein Jahr nach meinem ersten Besuch in Slowenien kehrte ich im Juni 2018 erneut zurück nach Bled in die Vila Bled zu einem Workshop der slowenischen Verlegervereinigung. Der See war noch kalt, und ich blieb, statt zu schwimmen, auf der Terrasse sitzen. Die Hotelmanagerin kam zu mir und sagte: »Stellen Sie sich vor, wer letzte Woche im Hotel war.« Ich rechnete mindestens mit Prinz Charles, denn in der wunderschönen Eingangshalle hingen Dutzende von Fotos gekrönter Häupter und Staatspräsidenten. »Nein, nicht Prinz Charles, Herr Professor Sauer, auch aus Berlin.« – »Der Ehemann der Kanzlerin?«, fragte ich. Ja, antwortete man mir, und bedauernd fügte sie hinzu, sie hätten es leider nicht gewusst, er war so bescheiden und ohne Personenschutz. Erst beim Abschied hätten deutsche Gäste sie darauf aufmerksam gemacht. Die Managerin war enttäuscht, dass ich diesen prominenten Gast, der so freundlich aufgetreten war, nicht persönlich kannte, obwohl ich aus Berlin kam. Meine Gastgeber aus der Buchbranche hatten wohl aus ihrer Sicht maßlos übertrieben, als sie mir einen wichtigen Status zugedacht hatten.

Beijing, Shanghai

Im Sommer 2004 landete ich zum zweiten Mal in meinem Leben in Beijing. 1981 hatte ich eine hessische Delegation aus der Pelzwirtschaft, der mein Vater angehörte, begleiten dürfen. Ich hatte mir großspurig vorgenommen, meine Eindrücke mit denen von Simone de Beauvoir aus dem Jahr 1957 zu vergleichen. Keine Zeile habe ich nach meiner Rückkehr nach Frankfurt am Main geschrieben. Es hatte auch keiner erwartet, und ich hatte im Gegensatz zu Simone de Beauvoir gar nichts verstanden von China, außer dass ich die Verbotene Stadt, die Große Mauer, die europäische Innenstadt von Shanghai und zum Abschluss der Reise Hongkong besichtigt habe, wo sich die Mitglieder der Delegation nach zehntägiger Enthaltsamkeit in der Volksrepublik China dem Konsumrausch hingaben. In den drei Tagen unseres Aufenthalts in Hongkong zählten wir die Rolls-Royce, die der kolonialen Prägung der Metropole eine zusätzliche Aufdringlichkeit verliehen.

2004 kam ich in ein völlig anderes Land. Shanghai sah aus wie Manhattan, und durch Beijing schlängelten sich sechsspurige Autobahnen wie in Los Angeles. In den Innenstädten dominierten die gleichen Ladenketten und Luxus-Geschäfte wie in den europäischen Metropolen, und es gab eine lebendige Partyszene mit Livemusik am Abend. Die chinesische Regierung hatte 1995 das Welturheberrechtsabkommen unterzeichnet. Dem Lizenzhandel im Buchbereich standen nun alle Türen offen. Ich kam in offizieller Mission für die deutschen Autoren des Suhrkamp Verlages zur Buchmesse und hatte viele Lizenzverkaufstermine. Zusätzlich war ich von Cao Weidong, dem Übersetzer und Kollegen von Jürgen Habermas, zu einem Vortrag über die deutsche Verlagsbranche in der Beijing Normal University eingeladen. Im Anschluss an die Messe besuchte ich die Verlage in Shanghai. Dieses Arbeitsprogramm habe ich bis 2010 im Zweijahresrhythmus fortgesetzt, bis sich der Lizenzhandel zwischen den chinesischen und den deutschen Verlagen etabliert, die Geschäftsbeziehungen gefestigt hatten und die chinesischen Verleger und Lektoren regelmäßig zu den Buchmessen nach Frankfurt und London kamen. Bis heute finde ich es schwierig, den chinesischen Buchmarkt in seiner Bipolarität zwischen Privat- und Staatswirtschaft zu definieren. Es gibt auf der einen Seite die zensorische Kontrolle der Kulturbehörden, auf der anderen Seite die Zugewandtheit und das Interesse der chinesischen Verleger an europäischer Philosophie und Literatur, verbunden mit einer außerordentlichen Gastfreundschaft. Dies führt den Besucher in eine gewisse Defensive. Als Handelspartner, der Lizenzen deutscher Philosophie und Literatur in China anbietet, habe ich mich immer schwergetan, das politische System des Gastlandes zu kommentieren. Die chinesischen Verleger verlegen Werke der europäischen und amerikanischen Philosophen, die aufklärenden Charakter haben. Der Widerspruch, dass in totalitären Systemen Gesamtausgaben der Kritischen Theorie in hohen Auflagen lieferbar und die Inhalte der Werke von Jürgen Habermas, Axel Honneth und Rainer Forst fester Bestandteil der Curricula der Philosophischen Fakultäten in China sind, hat mich während meiner Handelstätigkeit begleitet, fasziniert und herausgefordert. Die germanistischen und philosophischen Institute der chinesischen Universitäten sind ein Kompetenzcluster. Die Wissenschaftler bilden mit ihren Studenten ein Team für Übersetzungen aus anderen Sprachen. Das sprachliche Niveau dieser Übersetzer ist ausgezeichnet, ähnlich wie an vielen Universitäten in den Vereinigten Staaten, an der Sorbonne, in Oxford und Cambridge. Außerhalb der Verlage und Universitäten jedoch bleibt das Verstehen der gesellschaftlichen und politischen Zusammenhänge in China für den Handelsgast eine Herausforderung.

Die chinesischen Verlage haben eine glückliche Neigung zu Gesamtausgaben, was auch damit zu tun hat, dass sich die Länge des Textes beim Übersetzen von der deutschen Sprache ins Mandarin um ein Drittel verkürzt. Dieser eher technische Grund wird ergänzt durch die Sorgfalt, mit der das einzelne Werk in den kollektiven Zusammenhang des Gesamtwerkes gestellt wird. Während meiner Lizenztätigkeit erschienen in China die Gesamtausgaben der Werke von Thomas Bernhard, Paul Celan, Peter Handke, Volker Braun, Hermann Hesse und Jürgen Habermas. Der Abschluss der jeweiligen Werkausgabe wurde gebührend gefeiert. Die Abendessen waren ein Fest der Sinne: Auf einem überdimensionalen Drehteller in der Mitte des Tisches standen verschiedene Köstlichkeiten. Acht Gänge à zehn Schalen. Ich war in der Regel die Tischdame des Verlegers, und dieser legte mir mit seinen Stäbchen die Speisen auf den Teller, die ich zu Beginn dieses Jahrtausends beileibe nicht kannte. Die Speisenfolgen und die dargereichten Getränke verwandelten sich von traditionell chinesisch zu Varianten der Globalisierung. Sprangen mir bei der Feier für die Thomas-Bernhard-Gesamtausgabe noch lebende Krabben ins Gesicht, so verzichteten die chinesischen Gastgeber bei Paul Celan auf alles, was den europäischen Gast verstören könnte. Gab es bei der Feier zu den Werken von Jürgen Habermas noch Unmengen von chinesischen Schnäpsen anstelle von Wein, so offerierte man mir bei Volker Braun Jahre später einen ausgezeichneten Rotwein mit dem Label »The Great Wall«. Auch die Innenarchitektur in den Hotels mutierte: von einem traditionell chinesisch geprägten zu einem internationalen, austauschbaren Stil. Die junge Generation in den Metropolen entdeckte die Designermode, schuf sich eigene erfolgreiche Labels wie Li-Ning, legte sich Schoßhunde zu und fand sehr schnell den Anschluss an das Silicon Valley und die Künstliche Intelligenz. Ich kenne keine andere Gesellschaft mit einer solchen Transformationsleistung wie die chinesische in den ersten zwei Jahrzehnten des neuen Jahrhunderts. Nach den feierlichen Abendessen wurde auf den Dachterrassen der Hotels bei Livemusik getanzt.

Beirut, Kairo, Vereinigte Arabische Emirate

Die Zusammenarbeit mit den arabischen Ländern begann Ende der neunziger Jahre des 20. Jahrhunderts. Bis auf Libyen waren die Parlamente der verschiedenen arabischen Länder dem Welturheberrechtsabkommen beigetreten. Die Frankfurter Buchmesse hatte mich auf die Buchmesse in Beirut eingeladen. Am 26. März 1998 landete ich in der Hauptstadt des Libanon. Der fünfzehnjährige Bürgerkrieg war seit acht Jahren beendet, und ich hatte mich nicht darauf eingestellt, so viele zerstörte Gebäude zu sehen. Ich war erschrocken über die noch im

Aufbau befindliche Stadt und hatte auf der Fahrt vom Flughafen in die Innenstadt Angst, dass aus irgendeiner Ruine Schüsse fallen könnten. In dem feinen Hotel an der Beiruter Strandpromenade, mit den Namen Corniche, stand ich etwas verlegen neben Burka tragenden Frauen im Fahrstuhl. Wir konnten nicht miteinander sprechen. Aber auch mit den säkularen Libanesinnen, die alle aussahen wie Françoise Hardy und ihre Zigaretten lässig bis vornehm im Salatblatt ausdrückten, fand ich mich nicht zurecht. Es schienen mir auf den ersten Blick unüberwindliche gesellschaftliche Differenzen zu bestehen. Am ersten Abend waren die deutschen Gäste bei dem Medienmogul, Diplomaten und Autor Ghassane Tueni zum Dinner eingeladen. Ich lernte den Rechtswissenschaftler und Menschenrechtler Chibli Mallat kennen, mit dem ich heute noch befreundet bin. An meinem Tisch saßen auch zwei Hochschullehrer aus der christlichen Stadt Zhalé in der Bekaa-Ebene, die an der dortigen Universität Philosophie unterrichteten. Sie kannten das Wissenschaftsprogramm des Suhrkamp Verlages besser als ich. Ich war beschämt. Aber nicht lange, denn der Abend war heiter und gebildet und in jeder Hinsicht überdurchschnittlich. Den Gastgebern war angelegen, die libanesischen Rotweine zu empfehlen. Zu früher Stunde am nächsten Morgen blickte ich von der Dachterrasse des Hotels auf die Berge mit den Zedern und den schneebedeckten Gipfeln und auf der anderen Seite auf das Mittelmeer und dachte, wo habe ich je etwas Schöneres gesehen. Meine Bedenken, zu früh in den Libanon gekommen zu sein, traten in den Hintergrund, aber nur um erneut hervorzutreten, als ich den Raum auf der Buchmesse betrat, in dem mein Vortrag über Rechte und Lizenzen stattfinden sollte. Fünfzehn Verleger aus dem Libanon und aus Ägypten saßen dort, und es war auf den ersten Blick klar, dass sie nur gekommen waren, um der Frankfurter Buchmesse die Reverenz zu erweisen, die mit einem großen Gemeinschaftsstand für die deutsche Buchproduktion das Geschäft nach dem Bürgerkrieg anzukurbeln und den bilateralen Dialog aufzunehmen versuchte. Höflich hörten die Verleger mir zu, ich hatte aber den Eindruck, es wäre ihnen lieber gewesen, ich wäre ein Mann, mir in dem Moment übrigens auch. Die Diskussion ging vor allem um die Umsetzung urheberrechtlicher Maßnahmen, denn die Verleger berichteten von Raubkopien ihrer Produktion in anderen arabischen Ländern. Der arabische Buchmarkt mit vielen Ländern und einer Sprache ist das Gegenteil des europäischen Marktes mit seiner Vielsprachigkeit. Man kann sich im arabischen Raum hohe Buchauflagen vorstellen, es mangelt aber, ähnlich wie in anderen Kontinenten, an qualifizierten Übersetzern und Übersetzerinnen aus dem Deutschen. In der Diskussion, die sich dem Vortrag anschloss, erarbeiteten wir trotz einer gewissen Gender-Konfusion auf beiden Seiten etliche Punkte der Zusammenarbeit in den kommenden Jahren. Der Angriff auf das World Trade Center am 11. September 2001 unterbrach die Handelsbeziehungen in der Buchbranche zwischen den arabischen und den europäischen Verlagen. Sie kamen nicht ganz zum Erliegen, aber fast. Erst ab 2005 und dann nach 2007, als die arabischen Länder Gastland der Frankfurter Buchmesse waren, stieg die Zahl der gegenseitigen Übersetzungen wieder an. Zudem gab es Einladungen von arabischer Seite zu Verleger-, Autoren- und Übersetzertreffen in die Arabischen Emirate nach Dubai und zur Buchmesse in Abu Dhabi, und es wurden hochdotierte Preise verliehen für Übersetzungen ins Arabische. Etliche Messen und Kongresse habe ich besucht, da mir an dem Austausch mit den arabischen Staaten gelegen war. Man braucht Jahrzehnte, um einander kennenzulernen. Die Gastfreundschaft im Nahen Osten ist legendär. Ich wusste nie, wie ich als Repräsentantin eines deutschen, mittelständischen und unabhängigen Verlagshauses die Gastfreundschaft, die mir in den arabischen Ländern zuteilwurde, erwidern konnte. Der Übersetzer, Dichter und Kulturbeauftragte Mustafa Al-Slaiman, der in der Botschaft der Vereinigten Arabischen Emirate in Berlin arbeitet, ist einer der Vermittler, die sich seit fünfundzwanzig Jahren für den kulturellen Austausch zwischen Europa und den arabischen Staaten einsetzen. Irgendwann wird es gelingen. Austauschprogramme, denke ich, mehr staatliche und private Austauschprogramme: für Jugendliche und Senioren.

In Kairo kommt man nicht umhin, die Sehenswürdigkeiten der Stadt, den Nil und die Pyramiden von Gizeh zu besichtigen. Nach dem Workshop im Goethe-Institut

Kairo hatte ich mir zwei Tage Urlaub für die Stadt und die Pyramiden genommen. Ein Ausritt durch die nahe gelegene Wüste war auch darunter. Als mich der Fahrer zu dem Kameltreiber brachte und die beiden Männer den Ort verabredeten, wo der Wagen mich wieder abholen sollte, kniete das Kamel im Sand und fraß. Ich fand, es sah recht betagt aus. Es war nicht begeistert, für einen Einzelausritt aufzustehen. Erst als der Besitzer sagte: »Hi, Champion, it's business time«, ließ es mich aufsitzen und erhob sich. Ich war die Geschäftszeit des Kamels. Das wird einem nicht täglich zuteil. Der Kameltreiber führte das Tier durch den Sand, und ich konnte nachvollziehen, dass viele Menschen sich durch Wüstenlandschaften angezogen fühlen. »Wie am Pazifik«, dachte ich in meinem Schwebezustand. Nach drei Stunden erreichten wir die Straße, wo der Fahrer auf mich wartete. Die Männer tauschten noch einige Informationen aus, dann schwang sich der Treiber auf das Kamel, das eine umgehende Metamorphose von einem langsamen und älteren zu einem jungen und überaus schnellen Tier machte. Lange habe ich den beiden noch nachgeschaut.

FERNLIEBEN II

Berkeley

Nach dem Flug über Grönland und der Landung in San Francisco erreiche ich mit meiner Seniorenkarte der Bay Area Rapid Transit im November 2019 rechtzeitig zu Thanksgiving die Familie in Berkeley. Ich bin seit einer Woche im Ruhestand. Vierzig Berufsjahre sind abgeschlossen. Der Suhrkamp Verlag hat mich liebenswürdig verabschiedet. Es war nicht wie in dem Film *About Schmidt* von Alexander Payne mit Jack Nicholson in der Hauptrolle. Der Film basiert auf den Schmidt-Romanen von Louis Begley. Dort ist die Verabschiedung eines leitenden Mitarbeiters in einer Versicherung unter dem Mantel des Lobs ausgesprochen herzlos. Als Schmidt alias Nicholson drei Wochen nach der Verabschiedung seinen Nachfolger besucht, wird er höflich hinauskomplimentiert. Glück gehabt, denke ich während des Fluges.

Im Dezember sind wir auf einen Kindergeburtstag in San Francisco eingeladen. Auf der Fahrt über die Bay Bridge Richtung Downtown denke ich an die zurückliegenden Jahre. Als die Enkel in Kalifornien auf die Welt kamen, saß ich jeweils im Theater. Der Zeitunterschied von neun Stunden verhilft der Großmutter zu Theatergeburten. Im Théâtre Hébertot in Paris sah ich 2014 mit meiner Freundin Anne Weber *Le roi se meurt* von Eugène Ionesco mit Michel Bouquet als König. Die Inszenierung von Georges Werler wird seit 1994 gespielt. 1988 hatte ich Bouquet zusammen mit meinem Mann in dem Stück *Der Geizige* von Molière gesehen, auch im Théâtre Hébertot. Michel Bouquet war 2014 besser denn je. Was für ein Segen, dachte ich, über Jahrzehnte denselben Schauspieler im selben Theaterhaus zu sehen. Nach der Vorstellung und dem Erhalt der guten Nachricht gingen Anne Weber und ich ins Restaurant Wepler an der Place de Clichy und tranken reichlich Champagner. Zwei Jahre später saß ich mit einer Freundin in *My Fair Lady* in der Komischen Oper in Berlin. Wir feierten bis in die Nacht auf der Terrasse des Grand Westin. Es war Sommer, und alle saßen auf dem Gendarmenmarkt und in den Restaurants in umliegenden Straßen. Was ich an der Tatsache, dass ich Enkel habe, besonders schätze, ist die Reduktion im Generationenbogen: Man braucht den eigenen Kindern nicht mehr erklären, wie sehr man sie liebt. Sie wissen es jetzt.

Wir fahren durch Mission und Castro, Stadtviertel, die in den vergangenen zehn Jahren besonders von der Gentrifizierung betroffen waren. Zwangsräumungen sind an der Tagesordnung, die Obdachlosenstädte unter den Stadtautobahnen wachsen. Mit großem Interesse lese ich die vielen Interviews in dem Buch von Cary McClelland *Silicon City: San Francisco in the Long Shadow of the Valley*. An den Außenwänden der Häuser in Mission steht: »Hipster raus«. Die Regenbogenbanner wehen darüber.

Hilfsorganisationen bringen Betroffene, die wirtschaftlich in der Lage sind, in einem anderen, weniger teuren Stadtteil zeitnah etwas zu mieten, vorübergehend in den Häusern gastfreundlicher Familien in Berkeley, Albany und Piedmont unter.

Der Kindergeburtstag findet in einem riesigen Haus statt, wie wir es von den alten Hollywoodfilmen kennen und welches heute nur noch finanzierbar ist, wenn sich mehrere Familien die Etagen teilen. Ich kenne niemanden. Ich fühle mich etwas deplatziert, da ich mit Abstand die Älteste bin und auch nicht verstehe, um welche Themen die Gespräche kreisen. Die meisten der Anwesenden arbeiten bei Twitter oder in Kanzleien, die sich auf Immobilienrecht spezialisiert haben. Die Gastgeberin erbarmt sich meiner. Sie sagt: »Gleich kommt eine andere deutsche Großmutter, sie ist nur kurz mit ihrer Tochter und dem Baby nach draußen gegangen.« Gottlob, eine andere deutsche Großmutter, denke ich. Gaby tritt mit ihrem Enkelsohn auf dem Arm ein, und wir beginnen aus dem Stand ein intensives Gespräch, als müssten wir uns um die Entwicklung von Kommunikation im Sekundentakt kümmern. Da wir auch nicht wissen, wie viel Zeit uns zum Kennenlernen verbleibt, erzählen wir unser Leben in dreißig Minuten. Gaby wohnt in der Nähe von Koblenz, arbeitet für eine Firma in Frankfurt, meistens im Homeoffice und ist ebenso heiter und resilient wie Barbara Katz Mendes. Aber das macht mir an diesem Nachmittag nichts aus. Wir sind in der gleichen Situation des Fernliebens. Wir machen in der Bay Area und in San Francisco identische Erfahrungen. Wir sprechen laut auf Deutsch. Es ist mir bewusst, wie unhöflich das ist. Ich bin sonst diejenige, die es unverschämt findet, wenn in einem Kreis von Menschen zwei oder drei in ihrer Landessprache sprechen, die die anderen nicht verstehen.

Kindergeburtstage sind anstrengend. In Kalifornien ist es leichter. Die Eltern kommen als Gäste mit. Das hat mit den Entfernungen zu tun und mit den großen Häusern. Die Geburtstagsfeiern meiner Kinder im Taunus waren die drei einzigen Tage im Jahr, an denen ich meine Mutterschaft bedauert habe. Eine Vielzahl von Kindern anderer Leute zu bewirten, ist eine Herausforderung. Ich erinnere mich an die Stelle aus dem *Berliner Journal* von Max Frisch über den Besuch von Freunden mit Kindern in seiner Wohnung. Eine köstliche Lektüre: Max ist eher genervt, seine Frau Marianne freundlich. Rechtzeitig im Geburtsjahr der Enkeltochter hat der Suhrkamp Verlag diese Ausgabe herausgebracht. Zu spät für mein schlechtes Gewissen in den achtziger Jahren.

Den Höhepunkt meiner Kinderfeindlichkeit bildete allerdings die neunte Martinslaterne, zu deren Basteln mich der Kindergarten in Hofheim-Wildsachsen aufforderte. Drei Kinder à drei Kindergartenjahre macht zusammen neun Martinslaternen. Mein Hinweis an die Kindergartenleitung, die Laterne des Vorjahres zu verwenden, wurde abschlägig behandelt, da die Laterne jedes Mal unter einem anderen Thema stand. Es war mir bis dahin nicht bekannt, dass es so viele Themen um den heiligen Martin gibt. Ich hatte auch nicht auf die Nachhaltigkeit verwiesen, denn das Wort gehörte Mitte der Achtziger nicht zu unserem täglichen Sprachgebrauch. Die Kindergärtnerin hat sofort meine Bastelunlust erkannt. Sowohl das *Berliner Journal* von Max Frisch als auch die Idee der Nachhaltigkeit hätten mir damals sehr geholfen. Stattdessen trank ich mit anderen Müttern einen Liter Bier in der Wildsachsenhalle, wo der gemütliche Ausklang nach dem Umzug stattfand.

Es ist Vorweihnachtszeit in Kalifornien, und wir besuchen bei strahlendem Wetter zwei Kinderweihnachtskonzerte: eines in der Symphony Hall in San Francisco und eines im Paramount Theater in Oakland. In San Francisco sind alle Kinder so gekleidet wie die von Prinz William und Herzogin Kate. Das ist ebenso gruselig wie schön. Nach dem Konzert, in dessen Mittelpunkt ein umjubeltes Ballett um Mister Grinch stand, können die jungen Besucher im Foyer an verschiedenen Ständen basteln, Instrumente ansehen, Süßigkeiten naschen, die Erwachsenen dürfen derweilen flanieren.

Das Berkeley Children's Theater zeigt eine herrliche Adaption der Geschichten um *Frog and Toad*, nach den Büchern Arnold Lobels. Kurz vor Weihnachten gehen wir dann noch in die Leihbücherei von Contra Costa County, die ein Marionettenspiel anbietet. Nachdem wir nun unser kulturelles Programm für die Weihnachtssaison 2019 absolviert haben, frage ich die Enkel, welches Konzert oder Theaterstück ihnen am besten gefallen habe. Sie antworten übereinstimmend: die Marionetten. Die einzige kostenlose Aufführung. Ich werde mich nach dem nächsten Gastspiel der Augsburger Puppenkiste in der Bay Area erkundigen. Jetzt, wo man lesen konnte, dass die Vorstände der Digitalbranche ihre Kinder zu den Anthroposophen in die Schule schicken.

Hätte ich in meinem Leben auch nur einen Science-Fiction-Film gesehen, wäre mir die Lawrence Hall of Science, das öffentliche Wissenschaftszentrum der University of California in Berkeley, schon vor 2019 begegnet. Sie ist Drehort von *THX 1183*, dem Debüt von George Lucas von 1971. In anderen SF-Filmen wird sie als Kommandozentrale verwendet. Mir drückte die Schwiegertochter netterweise eine Familienjahreskarte in die Hand. Mindestens einmal in der Woche gehen die Enkel und ich in das Zentrum, das auf die Bedürfnisse von Kindern zwischen drei und zwölf Jahren ausgerichtet ist und spielend Wissenschaft vermittelt. Die Enkel spielen und staunen mühelos drei Stunden. Der Rahmen reicht vom Dinosaurier bis zum Planetarium, vom Bau von Staudämmen im Garten des Zentrums bis zur Anwendung Künstlicher Intelligenz. Jeweils um 16 Uhr gibt es eine halbstündige Einführung in die Verhaltensweise von verschiedenen lebenden Tieren: Wir lernen etwas über Schlangen, Schildkröten, Schnecken, Spinnen, Papageien. Um 17 Uhr schließt die Lawrence Hall of Science für die Besucher, und dann klettern die Enkel und die anderen Kinder noch auf dem riesigen Wal vor der Halle, und ich genieße das Abendlicht über der Golden Gate Bridge und San Francisco. Es sind die Augenblicke im Leben, wo das Glück greifbar ist.

Wenn ich in Berkeley bin, fahre ich während meines Aufenthalts mindestens einmal ins Silicon Valley nach Menlo Park, Palo Alto oder an die Stanford University. Im November 2019 luden mich Hans Ulrich Gumbrecht und Robert Harrison anlässlich des Besuches von Peter Sloterdijk in ihr gemeinsames philosophisches Seminar ein. Robert Harrison ist ein Verfechter des Narrativen: »Lest Boccaccios *Decamerone* und beginnt selbst zu erzählen«, empfiehlt er seinen Studenten. Er kritisiert den Verlust der Kunst des mündlichen Erzählens, des »novellare« zu Gunsten des Einstellens von Inhalten in die Streamingdienste. Zum Zeitpunkt des philosophischen Seminars hatten wir von der drohenden Corona-Pandemie noch keine Kenntnis. Während der Pandemie empfahlen dann weltweit viele Menschen, die Werke von Boccaccio, Camus, García Márquez und Manzoni zu lesen. Vor dem Seminar besuche ich eine Ausstellung der Kunststudenten in der Art Hall der Universität. Besonders gut gefallen mir die Exponate von Annie Ng, *Me and Mine*, zehn Digitaldrucke, mit denen die Künstlerin ihre kulturelle Dysphorie zum Ausdruck bringt. Als Chinesin in Honkong geboren mit einer britischen Ausbildung empfindet sie sich als »*banana*, außen gelb und innen weiß, *yellowface* und *colonialism*«. Die Serie ist für die Künstlerin »ein Ausdruck der Sehnsucht nach Zugehörigkeit«, wie man den Legenden entnehmen kann. Nach dem Seminar gehen Studenten, Dozenten und Gäste in ein arabisches Restaurant in Menlo Park, und ich lerne die Vertreter des Österreichischen Kulturinstituts in San Francisco kennen. Sofort sind wir in gemeinsamen Planungen für den interkulturellen Dialog zwischen Europa mit dem Silicon Valley gefangen. Jeder von uns bringt seine persönlichen Erfahrungen ein. Ich empfehle, auch die American Literary Translators Association (ALTA) in die Überlegungen miteinzubeziehen.

Zu der Konferenz zum 30. Jahrestag der ALTA an der University of Texas in Dallas vom 7. bis 10. November 2007 mit dem Titel »Celebrating the Past/Imagining the Future« war ich von dem Vergleichenden Literaturwissenschaftler Rainer Schulte eingeladen worden, der bereits 1965 sein PhD in Michigan mit einer Arbeit über Henry James und Marcel Proust gemacht hatte. Vier Tage diskutierten amerikanische Übersetzer, die aus 20 Sprachen ins Englische übertragen, mit Gästen aus anderen Kulturbereichen. Ebenfalls aus Deutschland war der Autor und Literaturkritiker Denis Scheck eingeladen. Wir waren beide dem Panel mit dem Thema »How to promote International Literature in the United States« zugeordnet. Denis Scheck hielt einen spektakulären Vortrag. Leider war ich nach ihm dran, und meine etwas sehr technischen Ausführungen zum internationalen Lizenzgeschäft und über die Erfolge des Suhrkamp Verlages wirkten nach seinem politischen Panorama doch etwas fad. Vor der Konferenz der

*Literarischen Übersetzer in Dallas besuchte ich das Sixth
Floor Museum an der Dealey Plaza. Das Kennedy Museum
befindet sich im sechsten Stock des ehemaligen Texas School
Book Depository, aus dem der Attentäter Lee Harvey Os-
wald die tödlichen Schüsse auf John F. Kennedy abfeuerte.*

Die österreichischen Kulturbeauftragten und ich ver-
abreden ein Wiedersehen im März 2020, das wegen der
Corona-Pandemie nicht stattfinden konnte. Der Dezember 2019 hält zwei Ausflüge der Klasse der Enkeltochter bereit. Es geht zunächst in den Botanical Garden hinter dem Campus in Berkeley. Ich bin als Betreuerin auf
der Liste möglicher Begleitpersonen und darf mitgehen.
Die sechzehn Schüler der Klasse werden im botanischen
Garten in vier Gruppen unterteilt. Jeder Gruppe steht
eine emeritierte Dozentin der Biologie oder pensionier-
te Biologielehrerin zur Verfügung. Diese erklären den
Kindern die Pflanzen und die Mammutbäume und wie
sich der durch den Garten schlängelnde Bach zu den Bäumen verhält. Was für ein Luxus, denke ich, vier Kinder
und eine Dozentin. Im Verlauf der Führung fragt mich
die Dozentin, welches der Kinder aus der vierköpfigen
Gruppe meine Enkelin sei. In der ersten Sekunde denke
ich, sie will mich auf den Arm nehmen, denn die anderen
drei Kinder sind nicht weiß. Zum Glück merke ich in der
zweiten Sekunde, dass ihre Frage ernst gemeint ist. Na-
türlich, es könnte jedes der Kinder sein, nur ich bin nicht
darauf gekommen. Danke für die Lektion! Auch im Whirl-
pool des Fitnessclubs des YMCA in Downtown Berkeley

darf ich lernen. Wir sitzen dort deutlich polyethnischer zusammen als in vergleichbaren Clubs in Deutschland. Austauschprogramme, denke ich, mehr staatliche und private Austauschprogramme: für Jugendliche und für Senioren.

Ich habe mich in der Schule der Enkeltochter angemeldet, um meinen Beruf vorzustellen, auch wenn ich ihn nun seit drei Monaten nicht mehr aktiv ausübe. »Publisher« werde ich meine Präsentation nennen. Das war bei den Vorstellungen in den vergangenen Jahren noch nicht dabei. Darf ich einen Beruf empfehlen, der in Kalifornien eher Seltenheitswert hat? Ich hoffe, ich scheitere nicht: in der East Bay Area nahe dem Silicon Valley, wo die Narrative einen ganz anderen Charakter haben.

Berlin

Im Januar 2020 laufe ich entlang der Havel von Gatow nach Kladow, wie fast an jedem Tag, seit ich im Ruhestand bin. Zum Einkaufen, zur Post, zum Bankautomaten, zur Apotheke, zur Buchhandlung. Ich überlege mir eine Besorgung und laufe los. Ohne Besorgung würde ich nicht laufen. Da ich nicht sehr sportlich bin, nehme ich die Besorgung in Kladow zum Vorwand, um den Spaziergang zu machen. Das funktioniert. Es ist sozusagen mein Einkaufsweg. Als die Kinder klein waren, hatten sie meine Unlust zum Laufen und Wandern schnell erkannt und sagten: »Unsere Mutter läuft nur gerne bis zum nächsten Restaurant.« Entlang der Havel ist die Hauptstadt am schönsten. Ganz selten, da ich meine Stammlokale in Gatow habe, trinke ich einen Kaffee im Gutshaus Neukladow mit Blick auf die Havel und den Wannsee. Am Nachbartisch sitzt ein Paar, das durch das Fenster ein anderes Paar im Garten beobachtet. Die Frau sagt: »Das sind zwei Frauen.« – »Nein«, sagt der Mann, »das sind zwei Männer.« Die Frau erwidert, die mit dem roten Rucksack sei in jedem Fall eine Frau. Sie können sich nicht einigen – und ich will heim nach Kalifornien, wo solche lächerlichen Gender-Diskussionen völlig ausgeschlossen sind.

Berkeley

Der Februar 2020 ist ein besonders sonniger und warmer Monat in Nordkalifornien. Die Magnolien blühen allenthalben. Von den Berkeley Hills ist der Blick auf die Golden Gate Bridge, San Francisco Downtown, Sausalito und die Bay in dem frühen Licht des Jahres atemberaubend. San Francisco wirbt für sich als die schönste Stadt der Welt. Solche Zuschreibungen sind erlaubt, aber bei den Millionen von Orten weltweit, die das auch in Anspruch nehmen können, nicht sehr sinnvoll. Die Enkelin und ich fahren gleich nach meinem Eintreffen ins Familienkonzert in der San Francisco Symphony Hall.

Meine Eltern hatten für die Kunstgattung Oper nichts übrig. Mein Vater verfügte zwar über eine schöne Bariton-stimme und schmetterte gelegentlich die Arie des Jäger-chors aus Webers Freischütz *oder die Arie des Figaro aus dem* Barbier von Sevilla, *aber meiner Mutter war der Gesang zu laut, und sie beklagte sich. Durch ihre langen Aufenthalte in verschiedenen Sanatorien war meiner Mutter alles zu laut. Schon wenn ich mit der Gabel auf dem Teller klapperte, war es ihr zu laut. Mein Vater erwiderte, in der Oper singen sie den Text doppelt und dreifach so laut, damit es auch der Besucher in der letzten Reihe des letzten Ranges hören kann. Er machte sich auch lustig über die aus seiner Sicht steifen Opernbesucher. Er sagte es aber so, dass ich dennoch eine große Freiheit spürte, die Oper zu lieben und unbedingt, sobald es möglich war, die Frankfurter Oper zu besuchen.*

Meine Großmutter väterlicherseits liebte Wagner. Der war ein Nazi, sagte meine Mutter. Es dauerte Jahrzehnte, bis ich meine Hemmungen, Wagner zu hören und zu verstehen, überwunden hatte. Zu Weihnachten 1963 erhielt ich eine Schallplatte mit Arien aus Mozarts Zauberflöte, *die ich unablässig abspielte und mich dabei in Walter Berry als Papageno verliebte.*

Die Alte Oper am Ende der Großen Bockenheimer Stra-ße, der sogenannten Freßgass, war in den sechziger Jahren eine schwarze Ruine. Die Parteien und Bürger stritten um den Wiederaufbau. Die Oper spielte von 1951 bis 1960 im ehe-maligen Schauspielhaus. Es waren die Jahre, wo Georg Solti der Frankfurter Oper erneut zu Renommee verhalf. Trotz der neuen Spielstätte am späteren Willy-Brandt-Platz gab es unzählige Initiativen zum Wiederaufbau der Alten Oper, und so ereilte auch die Schüler und Schülerinnen der Quinta des Heinrich-von-Gagern-Gymnasiums der Aufruf einer Sammelaktion zum Wiederaufbau der Alten Oper. Der erste Preis war ein VW-Käfer. Damit rechnete ich nicht. In Frankfurt-Bornheim hatten fast alle Anwohner eine noch entschiedenere Abneigung gegen die Oper als meine Eltern oder sie interessierten sich gar nicht für Kunst und Musik und hatten zudem für die Kultur kein Geld übrig. Sie sahen in dem sehr teuren Wiederaufbau der Alten Oper eine reine Verschwendung von finanziellen Ressourcen. Um all das wissend zog ich mit meiner Sammelbüchse durch Bornheim. Ich fand es viel sinnvoller, für die Oper zu sammeln als für das Müttergenesungswerk, was ich auch ein einziges Mal gemacht hatte, aber da musste man, wenn jemand gespendet hatte, ihr oder ihm eine Blume überreichen, und meine beste Freundin und ich stritten, wer die Büchse hält und wer die Blumen verteilt. Außerdem erschloss sich mir der Sinn der Müttergenesung nicht, denn meine Mutter war weder durch die Anzahl der Kinder noch durch den Haushalt erschöpft, sondern von ihrer Krankheit und den Nazis. Den Haushalt machte weitgehend mein Vater, und wir beide nahmen sehr viel Rücksicht auf sie. Ich hätte mir eher vorstellen können, für ein Kinder- und Vätergenesungswerk sammeln zu gehen. Nun also die Alte Oper. Der Klassenlehrer hatte uns Bilder gezeigt, wie das Opernhaus im Jahr seiner

Eröffnung 1880 ausgesehen hat. Es war wunderschön. Ich stellte mir vor, Walter Berry sänge dort und ich säße im Publikum. Motivation genug. Drei Wochen hatten wir Zeit, dann mussten wir die Büchse mit unserem Namen abgeben. Drei Wochen treppauf, treppab. Die Löwengasse, die obere Bergerstraße, die Buchwaldstraße, die Inheidener Straße. Die zehn Kinder, die am meisten gesammelt hatten, erhielten wertvolle Preise, die im Rahmen eines Festakts im Neuen Opern- und Schauspielhaus verliehen werden sollten, die nächsten vierzig je ein Buch und bis Platz 500 wurde man zu dem Festakt eingeladen. Ich war dabei und gar nicht mal mit einer so schlechten Position: Nummer 379. Mein Vater begleitete mich ins Opernhaus, und wenngleich nur drei Arien aus drei Opern geboten wurden, wusste ich, hier will ich für immer sein. Den ersten Platz machten die drei Söhne des Chefarztes der Chirurgie der Universitätsklinik Frankfurt und gewannen damit den VW-Käfer. Sie hatten in der Kennedyallee und in der Mörfelder Landstraße und in der Klinik gesammelt. Großzügig spendete ich meinem Mitschüler und seinen Brüdern Applaus. Ich wusste, meine Leistung war durchaus gleichwertig: mit einer Sammelaktion in Frankfurt-Bornheim den 379. Platz zu belegen. Als mein Vater und ich nach Hause kamen, sagte er: »Ich glaube, das Kind sollte ein Instrument erlernen.« Meine Mutter erwiderte: »Wenn überhaupt, dann ein leises – wegen der Nachbarn.« Ich entschied mich für Querflöte – wegen Walter Berry.

Die meisten der öffentlichen Schulen in Berkeley haben den Charakter von Privatschulen. Was an Unterrichtsstoff, an Ausflügen, vor allem auch in der nachschulischen Betreuung für die sogenannten *Kindergartener* angeboten wird, ist erstaunlich. Bei der Einschulung der Enkeltochter hatte mich irritiert, dass die erste Klasse Kindergarten heißt. Von der Preschool, der Vorschulklasse der Kita, geht es in der Elementary School mit dem Kindergarten weiter, es hat ein wenig gedauert, bis ich das verstanden habe, zumal es bei diesen Bezeichnungen auch regionale Unterschiede gibt. So fühlt sich die Migration an, und ich denke an die Großmütter im Wedding. Man kann das Verstandene nicht ein- und zuordnen. Schlimmer noch, oftmals kann man gar nicht ermessen, was man verstanden hat und was nicht. Das verstärkt meine Unsicherheit. Wie viele Fragen richte ich täglich an meine Umgebung, um etwas zu verstehen, und dabei halte ich mich noch zurück, um die Aura der deutschen Großmutter in der Bay Area nicht auszureizen. Meine Sonderstellung resultiert auch daraus, dass ich in der Bay Area nur wenige Gespräche mit Gleichaltrigen führe. Mit Nachbarn, die gerade im Februar 2020 vor dem Super Tuesday die Bernie-Sanders-Plakate aufgestellt haben, spreche ich über Politik, mit den Frauen im Fitnessclub über Bewegung, mit den Kirchgängern am Sonntag über das Wetter. Es sind wenige Sätze mit den zugewandten Amerikanern. Wir leben in verschiedenen Welten. Als ich das erste Mal in der St. Mary Magdalen Church in Berkeley an einem Gottesdienst teilgenommen hatte, sah der Priester am

Ende der Messe in meine Richtung und sagte, es gebe Besucher und diese mögen sich erheben. Nachdem ich Auskunft erteilt hatte, woher ich komme, applaudierte die Gemeinde heftig. Das ist so Sitte. Was für ein gastfreundliches Land! Bisher haben sich jedoch keine Freundschaften aus diesen Begegnungen ergeben. Meine limitierte Aufenthaltsgenehmigung verhindert, Bindungen einzugehen. Wofür ich das größte Verständnis habe. Man braucht einen gemeinsamen Jahresablauf, um Freundschaften aufzubauen.

Warum beschäftige ich mich permanent mit meiner Rolle als Migrationsgroßmutter? Ich bin verunsichert. Selbst mit der größten Mühe kann ich die sechzig Jahre der in Kalifornien geborenen Großmutter nicht aufholen. Das erwartet auch keiner. Ich möchte aber dazugehören. Ich finde es peinlich, dass meine Enkel eine Großmutter haben, die nicht in Kalifornien geboren ist. Wenngleich das für 75 Prozent ihrer Klassenkameraden zutrifft, scheint bei mir der Wunsch, sich zu integrieren, größer zu sein als bei den anderen Großeltern aus aller Welt. Die zwei indischen Großmütter, die ich näher kennengelernt hatte, beide aus meinem geliebten Kolkata, sehen das gelassener. Sie versuchen nicht, sich in der amerikanischen Gesellschaft zu assimilieren. Auch manche der Mütter haben das nicht vor. Beim Abholen der Enkelin treffe ich jedes Mal eine Mutter aus dem arabischen Raum. Sie spricht kaum Englisch, aber ein paar Worte können wir wechseln. Sie kommt jeden Mittag noch vor mir auf dem

Schulhof an. Sie ist immer die Erste und sieht auf ihrem Smart Phone arabische Filme. Sie spricht mit niemandem außer mit mir, weil ich als die Ältere sie einmal angesprochen habe. Als ich sagte, ich sei aus Deutschland, rief sie laut »Inschallah« über den Schulhof, was unnötigerweise die Aufmerksamkeit anderer Eltern auf uns zog. Zwei Außenseiterinnen.

Die Nachmittagsgruppe der Kindergarteners in der Berkeley Arts Magnet School hat Anfang März 2020 einen Termin bei dem demokratischen Bürgermeister von Berkeley, Jesse Arreguin (Jahrgang 1984). Die verschiedenen Abteilungen des Rathauses stellen sich kurz vor. Es geht im Wesentlichen darum, die Wohnungen und Häuser in Berkeley bezahlbar zu halten für die Lehrer, die Angestellten in den Krankenhäusern und ihnen das Schicksal der Menschen in Mission und Castro zu ersparen. Die Visionäre im Silicon Valley entwerfen gesellschaftsrelevante Produkte, und nebenan kämpft der Mensch einfach um eine würdige Höhle wie in der Steinzeit. Die Maschinen werden erst dann intelligent sein, wenn die Grundbedürfnisse des Menschen in den globalen Wirtschaftskreislauf verankert und unabdingbar werden. Das sollte mit der Begabung der Künstlichen Intelligenz zur Mustererkennung nicht so schwierig sein.

Die Komplexität der Bay Area mit dem Silicon Valley, mit den weiten Stränden am Pazifik, den Mammutbaumwäldern, der Stadt San Francisco mit den Gewinnern und Verlierern des digitalen Zeitalters, ihren Zulieferern, dem Heer der Dienstleister und den kleineren Städten wie Sausalito, Berkeley, Richmond, Oakland, von denen jede wieder einen ganz anderen Charakter hat, ist immer aufs Neue verwirrend und faszinierend. Es sind Tausende von Einzelfällen. Ich orte und verwerfe seit zehn Jahren. Es ist eine permanente Annäherung.

Das Virus SARS-CoV-2 ist nun auch in Kalifornien angekommen. Vor Oakland liegt ein Kreuzfahrtschiff in Quarantäne. Ich habe mich entschieden, nicht zu dem Konzert von Patti Smith zu gehen, welches am 9. März 2020 in der Fillmore Hall stattfindet. Seit Monaten freue ich mich auf das Konzert. Ich wollte Patti Smith in San Francisco erleben und nicht in Berlin, wo sie einmal im Jahr in der Spandauer Zitadelle auftritt. Das Konzert findet statt, ohne mich. Meine Freundin, Barbara Katz Mendes, die für uns die Karten gebucht hat, lässt sich nicht abhalten. Ich beneide sie erneut um ihre Lässigkeit. Ich nehme die Hinweise aus Deutschland sehr ernst, dass wir alle etwas gegen das Corona-Virus tun können, wenn wir größere Veranstaltungen meiden. In Berkeley werden Mitte März 2020 erste Veranstaltungen abgesagt, zum Beispiel der »Career Day« an der Berkeley Arts Magnet School, bei dem ich mich im Januar für das Berufsprofil im Verlagswesen angemeldet hatte, jedoch unsicher war, wie ich Schülern im Alter zwischen zehn und vierzehn Jahren diese Inhalte nahebringen könnte. Nun die Absage, die mich erleichtert.

Die Situation spitzt sich täglich zu. Präsident Trump

hat entschieden, keine Europäer mehr ins Land zu lassen. In Europa verschlechtert sich die Situation durch die Pandemie täglich. Wir befürchten, dass die Fluggesellschaften bald nicht mehr regelmäßig nach Europa fliegen werden. Ich werde die USA einen Monat früher als geplant verlassen. Zeitgleich zu unseren Überlegungen für den Rückflug kommt die Nachricht, dass die Schulen in der Bay Area geschlossen werden. Wir erklären der Enkelin, dass wir die Party zu ihrem sechsten Geburtstag, auf die sie sich so gefreut hatte, verschieben müssen. Ich erzähle ihr, wie auch ich einmal meinen Geburtstag hatte verlegen müssen.

Meine Mutter sagte, wir müssen leider dein Geburtstagsfest verschieben, Präsident John F. Kennedy kommt nach Deutschland. Präsident Kennedy besuchte am 25. Juni 1963 – meinem neunten Geburtstag – Frankfurt am Main, bevor er einen Tag später seine historische Rede in Berlin hielt. Er fuhr in einem offenen Mercedes in Begleitung von Ludwig Erhard und dem hessischen Ministerpräsidenten Georg August Zinn von Hanau nach Frankfurt. Meine Eltern und ich standen zwei Stunden am Mainufer in der Nähe des Doms, bevor die Autokolonne endlich eintraf. Dann dauerte es 10 Sekunden, und er war vorbei an der jubelnden Menge. Ich habe ihn nicht wirklich gesehen, obwohl mein Vater mich hochgehoben hatte. Meine Eltern, vor allem meine Mutter, waren begeisterte Anhänger der USA und des amerikanischen Lebensstils. Nach dem Krieg hatte meine Mutter in Heidelberg bei einer amerikanischen Familie als Kindermädchen gearbeitet (diese Stellung musste sie dann 1949 leider wegen ihrer Erkrankung aufgeben). Sie sprach deshalb ein sehr gutes Englisch, was für ihre Generation untypisch war. »Alles haben wir den Amerikanern zu verdanken, alles«, sagte sie. »Und de Gaulle und Churchill«, fügte mein Vater hinzu. Aber nicht nur politisch waren die Eltern begeistert von den USA, die Musik, der Lebensstil – alles war dort angeblich besser. Als sie endlich ausgedehnte Reisen in die USA machen konnten, waren sie schon Mitte vierzig, und sie hängten eine große Landkarte der Vereinigten Staaten in die Küche. Jedes Jahr kamen weitere bunte Stecknadeln dazu. Meinen Geburtstag haben wir dann am 26. Juni gefeiert. Es gab wie jedes Jahr Erdbeertorte, Kalten Hund, Frankfurter Würstchen und Kartoffelsalat, und mein Vater hat für meine sechs Gäste und mich gezaubert. Von meinen Freundinnen bekam ich Buntstifte und ein Spiel namens Deutschlandreise, das wir danach unentwegt spielten. Die DDR kam darin nicht vor, aber der Titisee. Dunkel standen die Tannen um den See auf der Spielfläche. Am Abend des 22. November 1963 weinte meine Mutter, nachdem sie von dem tödlichen Attentat auf John F. Kennedy in Dallas erfahren hatte. »Du hast ihn wenigstens gesehen«, sagte sie. Hatte ich nicht, aber das war angesichts der allgemeinen Bestürzung auch nicht so wichtig.

Wir sind verunsichert. Wir gehen in den Kampfmodus. Wir machen uns Mut. Wir malen das Virus als Monster, und der Enkelsohn holt sein Star-Wars-Schwert heraus. Das Universum schlägt zurück.

Das, wovor ich mich am meisten gefürchtet habe, ist eingetreten. Durch die Pandemie erfolgt eine unfreiwillige Trennung von denen, die ich liebe. Wir leben nicht auf einem gemeinsamen Kontinent. Wir können nicht zueinanderlaufen, um uns wenigstens zu winken. Wir benötigen die Hilfe von Maschinen, um uns zu sehen. Schon mit eigener Steuerung ist das Fernlieben eine Herausforderung. Ferngesteuert versagt der Katalog an Haltungen, die man dafür aufgebaut hat. Erfahrungen mit leidvollen Trennungen hatte ich bereits in meiner Kindheit gesammelt. Das hilft jetzt nicht. 60 Jahre liegen zwischen der Trennung von der Mutter damals und der von den Enkeln heute.

Bis zu meinem sechsten Lebensjahr war ich vom Vater, der Tante und den Großeltern aufgezogen worden, ganz selten war die an Tuberkulose erkrankte Mutter anwesend, meistens war sie im Sanatorium. Wenn sie da war, wurde geweint, und die Mutter musste viel schlafen, und ich musste leise sein: ein leises, lesendes Kind. Noch bevor ich lesen konnte, hatte ich neben den Bilderbüchern auch die Bildbände der Eltern über Neapel und Sizilien, bibliophile Ausgaben des Büchergilde-Buchclubs, angesehen. Am besten gefiel mir das Foto, auf dem eine neapolitanische Großfamilie am Tisch saß, zwanzig Menschen verschiedener Generationen. Ich saß nur mit dem Vater am Tisch. Der Vater und die Bücher. Das waren die Säulen meiner Kindheit. Der Vater war ein Entertainer, ein Verschwender von Gefühlen und Geld. An manchen Tagen kompensierte das eine ganze neapolitanische Großfamilie. Er arbeitete für die Fachzeitschrift eines Automobilclubs, und am Wochenende durfte er Vorführwagen verschiedener Marken fahren. Im Sommer fuhren wir beide mit offenem Verdeck nach Heidelberg zu den Eltern der Mutter, Flüchtlingen aus Gdansk. Der Großvater war angesichts zweier Weltkriege und des Verlusts der Heimat verstummt und sprach nur wenige Sätze am Abend nach dem Genuss von süßem Rheinwein oder von Danziger Goldwasser. Die Großmutter hingegen rief jedes Mal, wenn wir ankamen, »das arme Kind«. Meine Tante Anita war heiter bis traumatisiert. Sie rauchte und trank und hatte einen Langzeitverlobten, den meine Mutter als Nazi beschimpfte. Ein Jahr hatte ich bei den Großeltern und der Tante gelebt und den Vater nur am Wochenende gesehen, bis er mich wieder nach Frankfurt zurückholte. Die Mutter hatte ich fast vergessen in dieser Zeit. In dem sogenannten Heidelberger Jahr wurden die Tante, die gerade dreißig geworden war, und ich von den Großeltern sonntags in die Kirche geschickt. Die Großeltern hatten bereits die Frühmesse besucht. Während wir im Gottesdienst sein sollten, bereitete die Großmutter das Mittagessen vor. Meistens Gans, Ente, Karpfen oder Hecht wie in Gdansk. Ich wunderte mich später, dass andere Familien diese Gerichte nur an Weihnachten aßen. In der Kirche kamen wir nie an, denn zwischen der Albert-Mays-Straße und Sankt Bonifatius lag die Wohnung einer älteren Kollegin der Tante, wo wir einkehrten. Die Frauen tranken Sekt und rauchten. Ich trank Orangensaft und durfte mit der Katze spielen.

Da die Katze mich nicht leiden konnte, beobachtete ich lieber aus den Augenwinkeln den Sohn von Anitas Freundin, einen Medizinstudenten, der über seinen Büchern saß. Die Nichtteilnahme am Gottesdienst blieb so lange unbemerkt, bis die Großmutter und ich den Kaplan auf dem Wochenmarkt trafen und dieser sich überrascht von meiner Anwesenheit in Heidelberg zeigte. Als Anita, die eine Stelle als Verkäuferin in einem Geschäft für teure Kleinmöbel und Nippes auf der Hauptstraße in Heidelberg gefunden hatte, nach Hause kam, gab es einen heftigen Wortwechsel zwischen Mutter und Tochter, und ich hörte die Tante »Pfaffen« sagen und die Großmutter irgendetwas vom »Zorn Gottes«. Am nächsten Sonntag gingen wir zu viert in die Hauptmesse um 10 Uhr, und das Mittagessen wurde später serviert. Das setzten wir aber nicht fort, weil man nüchtern zur Kommunion gehen musste und der Großvater nicht so lange nüchtern bleiben konnte mit seinen körperlichen und seelischen Verletzungen.

Nach der Kirche kam der Vater. Er war samstags ins Sanatorium in den Schwarzwald zu seiner Frau gefahren und besuchte auf der Rückreise das Kind. Er blieb den ganzen Sonntag und fuhr erst spät, wenn ich eingeschlafen war, nach Frankfurt. Am Montagmorgen starrte ich unentwegt in meine Bilderbücher. Manchmal weinte ich, und dann sagte Anita, die frei hatte, weil sie samstags arbeitete: »Weine doch nicht, ich kaufe dir Schokoladenzigaretten.« Wir gingen zum Konditor und rauchten. Anita ihre Stuyvesant und ich Schokoladenzigaretten. Das war schwieriger als die Stuyvesant zu rauchen, denn das Papier löste sich im Mund auf. Ich schluckte es mit der Schokolade hinunter.

Nach einem Jahr der Wochenendfahrten hatte der Vater genug, und er holte mich nach Frankfurt und die Mutter in ein Sanatorium nach Bad Homburg. Anita kam dann regelmäßig am Samstag nach Frankfurt, um uns zu besuchen. Sie war nach meiner Rückkehr zum Vater zu ihrem Verlobten nach Mannheim gezogen. Um 16 Uhr stieg sie auf Gleis 8 aus dem Zug. Im Sommer trug sie ein weißes Kostüm, und aus der weißen Lederhandtasche ragte eine Stange Peter Stuyvesant heraus. Der Vater und ich fuhren eine Stunde vor der Ankunft ihres Zuges zum Bahnhof. Erst aßen wir Frankfurter Würstchen, dann gingen wir noch ins AKI. Das war ein Kino mit laufendem Programm, das alle 24 Stunden wechselte. Nachrichten und englische Serien, in denen Polizisten mit Schäferhunden Diebe und Sexualtäter verhafteten. Es war dunkel und unheimlich, eine Platzanweiserin wies mit der Taschenlampe die Plätze an, die nicht nummeriert waren. Obdachlose, Prostituierte und Reisende saßen in dem Kino. Es roch nach Urin und Nikotin. Ich war glücklich. Ich hatte den Vater für mich, ihn mit einer anderen zu teilen, musste ich erst noch lernen. Jahrelang hatte ich auf die Mutter gewartet. Als sie dann endlich für immer da war, war es nicht die Mutter, auf die ich gewartet hatte. Einmal, als wir nach dem Kinobesuch auf dem Weg zum Gleis 8 waren, fuhr auf Gleis 1 eine dampfende Lokomotive ein. Dem Zug entstiegen Menschen mit vielen Taschen. Der Vater beugte sich zu mir herunter und raunte: »Das ist der Zug aus der Ostzone.« Ich dachte, dies wäre ein Land, wo nur alte Menschen lebten, da ich nicht wusste, dass nur ältere Mitbürger eine Reisegenehmigung erhielten. Dieser Eindruck verstärkte sich durch den alljährlichen Besuch der Eltern des Verlobten der Tante, die die Mutter ebenfalls als Nazis beschimpfte. Hilde und Egon waren alt. Sie kamen zu Weihnachten von Hoyerswerda nach Mannheim, wo ihr Sohn in einer Ford-Vertretung arbeitete. Dass sie Nazis gewesen waren, teilte sich mir nur durch meine Mutter mit, aber dass sie so aussahen wie alle, die dem Zug auf Gleis 1 entstiegen waren, war offenkundig. Sie waren nett zu mir. Egon hatte die verschiedenen politischen Systeme als Oberbuchhalter eines Kohleabbauwerkes in der Lausitz überstanden. Hilde sang mit hohem Sopran Weihnachtslieder. An Weihnachten waren alle bei uns in Frankfurt: die Großeltern aus Heidelberg, Anita und Ehrenfried mit seinen Eltern. Ich war das einzige Kind. Da saß ich nun inmitten dieser traumatisierten Menschen und hielt alles für völlig normal. Die Streitereien zwischen Hilde und meiner Großmutter Agnes, die vergeblichen Beschwichtigungsversuche ihrer Ehemänner und die ständigen Schuldzuweisungen meiner Mutter gegen die Nazis. Der Onkel zog sich, sooft er konnte, aus dem Kreis zurück und besichtigte alle Niederlassungen der Firma Ford/General Motors in Frankfurt und Offenbach. Er fuhr mit seinem eigenen Ford erst zu den Amerikanern in die Adickesallee und dann weiter in das Gallusviertel und nach Fechenheim. Meine Mutter sagte zu seinen Eltern: »Das kommt von eurer Nazi-

erziehung, statt den Segen des Papstes ›Urbi et Orbi‹ im
Radio zu hören, geht er zu seinen Autos.« Dass die Familie
des Onkels protestantisch war und auf den Segen des Paps-
tes keinen so großen Wert legte, fiel der Mutter gar nicht
auf. Bei ihr gab es nur gegen die Nazis oder für die Nazis.
Ich zog mich mit meinem neuen Buch zurück. Der Onkel
hatte mir eine illustrierte Kinderausgabe der Odyssee ge-
schenkt. Penelope wurde zu der Lichtgestalt meines ersten
Schuljahres. Auf etwas warten, auf die Mutter und den Va-
ter, das hatte ich gelernt. Zwanzig Jahre auf den Mann zu
warten, schien mir völlig angemessen. Dass ich diese Hal-
tung Jahrzehnte später abrufen musste, konnte ich am Weih-
nachtsfest 1961 nicht ahnen.

Die letzten vier Tage vor meinem selbstbestimmten,
aber viel zu frühen Rückflug nach Deutschland sind trau-
rig und hektisch. Wir Erwachsenen versuchen, uns nichts
anmerken zu lassen. Nicht nur die Schulen schließen in
der Bay Area, sondern auch die Leihbüchereien, die Lawrence Hall of Science, das Kindertheater, die Spielplätze.
Die Enkel und ich bringen alle ausgeliehenen Bücher in
die Contra-Costa-Bücherei zurück. »Bis bald und bleibt
gesund«, rufen die Bibliothekare. Anschließend gehen
wir in unseren Lieblingsladen in Berkeley: Mr Mopps'
Toy Shop. Spielwaren und Bücher gibt es dort. Ich kaufe
den Enkeln viel zu viel: acht Bücher, Lego, Halsketten
und Kleinigkeiten an der Kasse der Marke »*Darf ich
das noch?*«. Zum Abschied dürfen sie alles. Den ganzen
Laden würde ich wegtragen, wenn ich könnte. Am Vor-

abend und am Morgen des Abflugs lesen wir alle Bücher vor, immer wieder und immer wieder. Mir ist elend. Ich lese laut und betont heiter vor.

FERNLIEBEN III

Im virtuellen Raum zwischen Berlin und Berkeley

Durch SARS-CoV-2 sind auch andere Familien voneinander getrennt. Das tröstet mich. Das Virus trennt alle räumlich voneinander. Nicht nur die Transatlantiker. Die Kommunikation findet digital statt. Darin bin ich geübt: Ich könnte einen Leitfaden schreiben, wie man sich mit Enkeln digital unterhält. Und zwar für die Altersstufen von zwei bis sechs. Das klassische Puppentheater eignet sich – in meiner Kindheit sagte man Kasperletheater – für Kinder von drei bis sechs. Das Vorlesen ist eine gute Variante für alle Altersgruppen vor dem eigenen Leseerwerb: Man benötigt das Buch entweder doppelt, so dass man die Illustrationen in den Bildschirm hält und den Text aus dem zweiten Exemplar vorliest oder man behilft sich mit einem Exemplar und scannt den Text zum Vorlesen ein oder man dreht ein Video von Buch und Text. Der Buchhändler in Kladow, Herr Kuhnow, sagte einmal an der Kasse zu mir: »Das Buch haben Sie schon.« Ich sagte, ich brauche es zweimal: zum Skypen. Er blickte erstaunt. Er hat keine Enkel in Kalifornien. Basteln, Ausschneiden, Kleben und Kneten funktioniert über Skype oder andere Formate ebenfalls bestens. Man braucht alles doppelt. Auch mit den Puppen spielen wir. Ich habe noch die Puppen Bärbel und Edith, und so können wir am Bildschirm Familie spielen oder Schule und die Enkelin ist die Klassenlehrerin, die nun schmerzlich vermisst wird. Mit der Puppe Edith hat es eine besondere Bewandtnis: Als ich mit dem Suhrkamp Verlag in die Hauptstadt zog und die Kinder und ich das Haus im Taunus ausräumten, haben die Tochter und ich darüber entschieden, welche der zahlreichen Puppen aus zwei Generationen wir für die dritte Generation aufbewahren und welche dem evangelischen Kindergarten der Gemeinde Hofheim-Wildsachsen gestiftet werden, dem mit den Martinslaternen. Schweren Herzens trafen wir die Auswahl, und auch die Edith wanderte in den Korb für den Kindergarten. Ich habe sie dann wieder in den Enkelkorb gelegt, denn die Edith hat Haarausfall, und ich dachte, wer wird sie lieben, mit dem Haarausfall. Warum ich die Edith nicht in die Puppenklinik mitnahm, weiß ich nicht. Das sollte ich nachholen, bevor ich Berlin verlasse und in den Südwesten unseres Landes zurückkehre.

Herr Kuhnow schenkte mir neulich ein Buch, das der Carlsen Verlag in der Reihe Pixi-Bücher für Buchhändler entworfen hat. In dem Buch geht es darum, dass eine Familie in die jeweils örtliche Buchhandlung kommt, und die namentlich genannte Buchhändlerin oder der Buchhändler empfiehlt für jedes Familienmitglied das richtige Buch. Der Tochter der Familie empfiehlt Herr Kuhnow ein Buch über »Die mutige Kuh«, was die Enkeltochter und mich zu Lachstürmen veranlasst hat, bis sie fragte: »Gibt es dieses Buch wirklich?« Ich versprach ihr, mich gleich nach meiner Rückkehr in Berlin um diese wichtige Frage zu kümmern. Wie versprochen ging ich also zu Herrn Kuhnow und erkundigte mich. Herr Kuhnow lächelte und empfahl mir die Reihe *Mama Muh* aus dem Oetinger Verlag. Ich wählte zwei Exemplare von *Mama Muh liest* und las den Enkeln das Buch über Skype vor.

Nach dem Gespräch, in dem Kühe Bücher bevölkern, Einhörner und Pinguine aus Knete entstehen und die Puppen in Berkeley mit den Puppen in Berlin sprechen, treibt es mich zu Hölderlin. Jens Harzer liest den *Hyperion* so überirdisch schön. Das habe ich immer an Kindern und Enkeln geschätzt; sie erfordern Fähigkeiten, die nichts mit der Erwachsenenwelt zu tun haben. Umso lieber kehrt man in diese zurück. Ein Erwachsenenrückzugsort.

Meine einzigen Freundinnen, die ich in den zehn Jahren meiner verschiedenen Aufenthalte in der Bay Area gefunden habe, stammen beide aus Südamerika. Barbara Katz Mendes ist in Venezuela geboren, Wirtschaftswissenschaftlerin und in den Vereinigten Staaten wohlhabend geworden. Ihre Kinder leben in Texas und Australien. Auch sie weiß nicht, wann sie ihre vier Enkelkinder wiedersehen wird. Die Medizinerin und Pädagogin Isabel Philips stammt aus Honduras. Sie hat ihre Kinder und die Enkelin in Berkeley. Sie leitet die Nachmittagsbetreuung der Berkeley Arts Magnet School. Wie sie es macht, ist preiswürdig, Mal- und Buchausstellungen, Spanischunterricht, Ausflüge zum Bürgermeister und in die Universität. Mit beiden bin ich seit meiner unfreiwilligen Rückkehr nach Berlin in engem Kontakt. Isabel schreibt mir, dass in diesem Schuljahr der Präsenzunterricht an der Arts Magnet School nicht wieder aufgenommen wird, 2020 soll online stattfinden. Was macht das mit den Kindern, die gerade begonnen haben, lesen, schreiben und rechnen zu lernen? Die gerade gelernt haben, sich in einer Klassengemeinschaft zu orientieren? Was machen diese Beschränkungen mit unseren Kindern und Enkeln? Die Folgen sind noch lange nicht abzusehen.

Der Abend, den Isabel und ich vor der Pandemie im völlig überfüllten César, einer Tapasbar in North Berkeley, mit Champagner verbracht haben, scheint wie aus einem anderen Leben, obwohl er erst drei Wochen zurückliegt.

Es ist erstaunlich, wie viele jetzt schon erahnen und beschreiben können, wie wir nach der Pandemie leben werden und wie sich die Gesellschaften verändern werden. Ich weiß es nicht. Jürgen Habermas auch nicht. In einem Interview in der *Frankfurter Rundschau* sagt er: »Unsere komplexen Gesellschaften begegnen ja ständig großen Unsicherheiten, aber diese treten lokal und ungleichzeitig auf ... und werden in Teilsystemen der Gesellschaft ... abgearbeitet. Demgegenüber verbreitet sich jetzt die existentielle Unsicherheit global und gleichzeitig.« Und er folgert daraus: »So viel Wissen über unser Nichtwissen und über den Zwang, unter Unsicherheit handeln und leben zu müssen, gab es noch nie.« Ich folgere für unser Familienleben auf zwei Kontinenten, dass das Fernlieben nicht einfacher wird. In normalen Zeiten skypen wir einmal in der Woche, in pandemischen öfter. Beim Skypen machen wir einen Malwettbewerb: eine Prinzessin, Blumen im Topf, ein Propeller und eine Meerjungfrau sind die Objekte. Warum ich die Meerjungfrau vorgeschlagen habe, obwohl ich nicht gut zeichnen kann, weiß ich nicht. Ich habe mir aber neue Buntstifte gekauft, die jetzt immer auf meinem Tisch stehen, damit wir gleich loslegen können, wenn die Enkel sich melden.

In Berlin hat es seit Wochen nicht geregnet. Ich blicke auf meinen Schirmständer mit meinen drei Schirmen und werde melancholisch. Wir werden andere Probleme bekommen als SARS-CoV-2. Das weiß auch jeder.

Die Enkel schicken schöne Videos. Ich weiß nicht genau, was ich filmen soll. Seit Mitte März 2020 passiert bei mir nichts. Ich sitze in Gatow zu Hause und im Garten an der Havel. Das, was innen passiert, kann man nicht gut filmen. Ich werde gleich mit dem Fahrrad nach Kladow fahren und Herrn Kuhnow fragen, ob ich in der Buchhandlung filmen darf. Ich kann nur Buch. Und Netflix. Stundenlang gucke ich im sogenannten Lockdown die Serie *Blacklist*. Wie genial James Spader den kultivierten und kriminellen Raymond Reddington spielt! Ohne die sieben Staffeln von *Blacklist* hätte ich den Lockdown nicht so gut überstanden. Eine Serie mit viel Mord, Verrat, Rache, Treueschwüren, einer geheimnisvollen Beziehung zwischen Vater und Tochter – und vielen Zitaten aus der Weltliteratur.

Die Sehnsucht wächst. Mittlerweile ist es Herbst geworden, und wir wissen immer noch nicht, wann wir uns wiedersehen können. In die Sehnsucht nach der Familie auf dem anderen Kontinent schleicht sich ein anderes Gefühl: die Sehnsucht nach Berkeley, San Francisco und Menlo Park. Ich bin überrascht. War doch nicht alles umsonst? Habe ich in den Jahren meiner regelmäßigen Ortsbegehung doch mehr verstanden, als ich wahrhaben wollte? Sind in Kalifornien Sehnsuchtsorte entstanden, so wie in Frankreich – Orte, an die ich immer wieder zurückkommen möchte? Die sogenannte Food Area in North Berkeley kommt mir vor wie ein Paradies. Das bei vielen Menschen, weit über die USA hinaus, bekannte Restaurant Chez Panisse bildet den Mittelpunkt der Ausgehmeile. Alice Waters und Paul Aratow hatten das legendäre Restaurant 1971 gegründet. Der Name ist eine Hommage an Honoré Panisse, den Lebenskünstler aus der Marseille-Filmtrilogie von Marcel Pagnol, basierend auf dessen Romantrilogie *Souvenirs d'enfance*. Unweit davon ist Saul's Deli, wo man koscher und nicht koscher essen kann und die Enkel und ich die Matze lieben. An den Wänden dort hängen großformatige Fotos von jüdischen Hochzeiten, von Bar-Mizwa- und Bat-Mizwa-Feiern. Neben Saul's Deli gibt es die Buchhandlung Books Inc: »The West's Oldest Independent Bookseller«, mit elf Filialen und 200 Mitarbeitern und einer höchst wechselvollen Geschichte, einer amerikanischen Geschichte, von Insolvenzen und Wiederaufbau. Die Gourmetzeile, die Shattuck Avenue Richtung Downtown Berkeley, beherbergt auch einen Eisladen mit einem Namen, der den Bogen vom italienischen Frühbarock zur Künstlichen Intelligenz spannt: Caravaggio Gelato Lab. Es gibt neben dem traditionellen Angebot seltene Eissorten, zum Beispiel Matcha-Grüntee, Schwarzer Sesam oder karamellisierter Pfirsich. Die Enkelin wünschte sich vor meiner Abreise Meloneneis. Das war gerade nicht vorrätig. Der Inhaber versprach, es für sie schneller als gewohnt herzustellen, damit wir es noch gemeinsam vor meinem Abflug essen konnten. Denn normalerweise dauert es fünf Tage vom Einkauf der Produkte über die Herstellung und den Kühlungsprozess, bis der Kunde das gewünschte Eis kaufen kann. In der Herstellung ökologischer Nahrung in gesunden und nachvollziehbaren Prozessen ist Kalifornien vorbildlich.

Ich korrespondiere mit den Nachbarn in Berkeley und den beiden Freundinnen. Sie sind vor Ort. Sie sind glücklich, dass Joe Biden Kamala Harris als Vizepräsidentin aufstellt. Eine Frau aus Kalifornien, eine aus Oakland, eine von ihnen. Die Nachbarin schreibt mir, dass sie die Enkel im Garten lachen hört. Wie sehr ich sie beneide. Das Fernlieben ist voller Risiken. Ich denke an das kleine Mädchen im Kindergarten des Enkelsohnes, das oft weinte. Ich versuchte, sie zu trösten. Die Erzieherin sagte: »Sie versteht kein Englisch, nur Finnisch und Französisch.« Fortan sprach ich mit ihr auf Französisch, was aber nur gelegentlich den Tränenstrom bremsen konnte. Ich erfuhr, dass ihre Mutter einen sechsmonatigen Forschungsaufenthalt an der Universität absolvierte. Wo mag sie jetzt sein, die kleine Finnin, die deshalb so gut Französisch sprach, weil ihre Mutter, bevor sie nach Berkeley kam, an der Sorbonne geforscht hat?

Das dritte Enkelkind wird im Juni 2020 im Nordbadischen geboren, ganz in der Nähe des Mehrgenerationenhauses meiner Ahnen in Wiesloch. Ich gehe zu Mirko B. und lasse mir den Anfangsbuchstaben des Namens des neugeborenen Mädchens tätowieren. Ich lese erneut den Merkzettel, der Hinweise darauf enthält, »dass es trotz steigender Beliebtheit, Nachfrage und Toleranz gegenüber Tätowierungen und tätowierten Personen zu sozialer Ächtung bei Vermietern oder Arbeitgebern kommen kann«. Ich bin erstaunt. »Bleib gesund, Große«, ruft mir Mirko nach. »Große« hat noch nie jemand zu mir gesagt. Dankbar winke ich ihm zum Abschied. Frisch tätowiert lese ich in der *Süddeutschen Zeitung* das Interview mit dem Leiter der Berliner Festspiele, Thomas Oberender, einem der besten Kulturmanager in Europa. Das Interview widmet sich der gerade eröffneten Ausstellung mit dem Titel »Down to Earth« in Anlehnung an das gleichnamige Werk des französischen Philosophen Bruno Latour. Die Ausstellung verbindet Kunst und ökologische Experimente. »Wir haben das Anthropozän verlassen und sind im Zeitalter der planetarischen Sorge«, sagt Oberender. Das finde ich sehr treffend.

In Kalifornien brennt es wieder. Diesmal ist die gesamte Bay Area sowohl im Norden von Berkeley als auch im Süden von San José von den Feuern eingeschlossen. Der Himmel ist abwechselnd orange oder schwarz. Apokalyptische Bilder gehen um die Welt. Es gibt Tage, da ist die planetarische Sorge sehr privat.

Der Trennungsschmerz und die Unsicherheit, über das, was wird, betrifft uns alle und jeden Einzelnen auf seine Weise.

Ich fahre ins Theater am Rand in der Oderaue. Thomas Rühmann liest in einer szenischen und musikalischen Inszenierung Julio Cortázars Erzählung *Südliche Autobahn,* geschrieben 1966. Ein Gleichnis, das erzählt, wie ein Stau auf dem südlichen Boulevard Périphérique in Paris, der nicht Stunden, sondern Monate andauert, die Menschen auf die Grundwerte ihrer Existenz zurückwirft, mit allen Konsequenzen, die wir auch in der Pandemie beobachten. Rühmann liest großartig. Ich fahre gestärkt nach Berlin zurück.

Nach der Matinee im Theater am Rand skype ich mit den Enkeln. Sie wachsen, lernen schwimmen, rechnen und lesen ohne meine unmittelbare Anwesenheit. Sie machen der Großmutter Mut, indem sie aufzählen, was wir nach Corona alles gemeinsam machen werden: sie können mir dann vorlesen. Die Welt steht auf dem Kopf.

Ich lerne demütig, dass ich die Enkel mehr brauche

als sie mich. Ich lerne, wie sehr mich die Wiedersehens-
daten in der Countdown App durch mein Leben tragen.
Bei meiner erzwungenen Abreise im März hatte ich zum
Trost meiner Großmutter-Seele »Thanksgiving 2020«
eingegeben und nun wieder löschen müssen. Die Entfernung hebt die Gleichzeitigkeit der Tageszeit, der Jah-
reszeit, der Sprache, der Gewohnheiten auf. Die Gleichzeitigkeit der Liebe ist unauflösbar.

DANKSAGUNG

Für die Unterstützung am Text und bei den Vorbereitungen danke ich sehr herzlich meiner Lektorin Gesine Dammel, des Weiteren Gabriele Bischoff, Winfried Hörning, Katharina Rout, Rainer Schulte, Bernd Schwibs, Alexander Simon und Gesa Vogt. Für Recherche und Übersetzungen bedanke ich mich bei Johnny Becker, Christoph Gödde, Michael Griesinger, Janika Rüter und Laura Wagner.

INHALT

Der Albtraum eines jeden Gastgebers …

Ein Hummer auf der Flucht, betrunkene Gäste unterm Tisch, ein Feuerwehreinsatz zum Dessert und Hunde, die sich über den Lammbraten hermachen … Was tun? Annaliese Soros hat viel zu erzählen von den Dinner-Partys der New Yorker High-Society. Jahrelang erlebte sie an der Seite ihres Ehemannes, des Finanziers George Soros, die lustigsten, schrecklichsten und absurdesten Geschichten mit Gästen, Haustieren und kulinarischen Überraschungen. Mit viel Liebe und Humor erzählt sie ihre gesammelten Anekdoten und gibt hilfreiche Ratschläge und praktische Tipps, wie aus kulinarischen Katastrophen Triumphe werden …

Annaliese Soros, Danke für die Einladung. Wahre Geschichten von kulinarischen Katastrophen. Unter Mitarbeit von Abigail Stokes. Illustrationen von Roderick Mills. Aus dem Amerikanischen von Angelika Beck. insel taschenbuch 4008. 107 Seiten

Das Alter – die neue Freiheit

Wie fühlt es sich eigentlich an, alt zu sein? Mechthild Grossmann ist Anfang achtzig und genießt es. In diesem Buch erzählt sie von den großen und kleinen Momenten des Altwerdens. Von den wundervollen Freiheiten genauso wie von dem Phänomen, dass Bekannte plötzlich nur noch über ihre Krankheiten reden wollen – und nicht mehr über gute Bücher oder Filme.

Sie erklärt, was gegen das blöde Bauchgefühl an Sonntagabenden hilft, was sie nach dem Tod eines Freundes tröstet, wie das mit dem Sex und der Liebe ist und wie sehr sie es genießt, plötzlich in aller Ruhe im Bett frühstücken und einen Nachmittag in Jogginghose bleiben zu können. Humorvoll und warmherzig schildert sie, warum das Alter einem nicht Angst machen muss – sondern genau genommen die beste Zeit des Lebens ist.

»Kurzweilig, lustig, tiefgreifend und frech – Mechthild Grossmann nimmt dem Alter seinen Schrecken.« *Bücher-Magazin*

Mechthild Grossmann & Dorothea Wagner, Besser spät als nie. Eine Liebeserklärung an das Alter. insel taschenbuch 4750. 254 Seiten.

NF 497 / 1 / 01.21

»»Alles, was lebt, sei lebendig‹, hat Goethe geschrieben. Sigrid Damms römisches Diarium nimmt diese Empfehlung erfrischend beim Wort.« Heinrich Detering, *Frankfurter Allgemeine Zeitung*

Eine Einladung nach Rom, ein halbes Jahr im Süden. In der Ewigen Stadt folgt die Erzählerin den Spuren Goethes und Ingeborg Bachmanns, sie entdeckt für sich Caravaggio und den Park der Villa Borghese, findet Freunde, reist zum Lago Maggiore und nach Syrakus, erinnert sich an die Landschaft Lapplands, an Kuba, an Che Guevara. Zwiegespräche mit der Vergangenheit und der Gegenwart: Wohin mit mir?
Ein intimes, heiter-nachdenkliches Buch, das mit großer poetischer Kraft vom Suchen, Verfehlen und Finden des Glücks erzählt.

Sigrid Damm, Wohin mit mir. insel taschenbuch 4275.
286 Seiten

NF 273/1/8.15

Erika Pluhar
Die öffentliche Frau

»Ein Frauenleben mit allen Irrungen und Wirrungen«

Ein Journalist bittet die prominente Künstlerin, ihm ihre Lebensgeschichte zu erzählen, die er als Serie in seiner Zeitschrift publizieren will. Aus anfänglichem Misstrauen und einer beiderseitigen Befangenheit erwächst bei seinen täglichen Besuchen allmählich eine Vertrautheit; und die Frau beginnt zu erzählen: von ihren zwei Ehen, von ihren Theatererfahrungen, von ihrem Leben als Sängerin, von ihrer Zeit als politische Aktivistin und ihrem Weg zur Schriftstellerin. Sie berichtet von den Menschen, die ihr Leben maßgeblich beeinflussten.

Bald wird sie intimer, erzählt Dinge, die bisher in der Presse so nicht zu lesen waren: Geschichten aus der Kindheit, von der Überwindung ihrer Magersucht als Jugendliche, vom Tod der Tochter …

Erika Pluhar, Die öffentliche Frau. Eine Rückschau. insel taschenbuch 4354. 280 Seiten

Eva Demskis Liebeserklärung an Frankfurt

Eine Weltstadt, die aus Dörfern besteht, das ist Frankfurt. Viel gescholten als kalter Bankenplatz, sucht die Stadt andere Rollen und findet sie auch. Sie will zum Beispiel grün sein und glamourös, das eine schafft sie ganz gut, das andere nicht. Frankfurt ist für viele Menschen eine Durchgangsstation, in der sie nach Jahrzehnten plötzlich erstaunt feststellen: Ich bin ja geblieben! Eva Demski ist es genauso gegangen. Aus unzähligen Erkundungen, Wegbeschreibungen, Ortsterminen, Porträts, Pamphleten und Liebeserklärungen ist ein Frankfurt-Buch geworden, ohne Anspruch auf Vollständigkeit, aber mit Überraschungen. Vergessene Parks und das Mainufer mit Max Beckmanns Blick, wenig Goethe, dafür seine Mutter und die Freundin Marianne von Willemer umso eingehender, selbstbewusste Hässlichkeiten und schüchterne Schönheiten, Veränderungswahn und Bewahrungsmühen – all das und mehr kennzeichnet die Stadt, von der Eva Demski einmal gesagt hat, sie liebe sie »wie einen hässlichen Hund« – was nichts anderes heißt als: ganz besonders.

Eva Demski, Frankfurt ist anders. Mein Stadtplan. Herausgegeben von Wolfgang Schopf. insel taschenbuch 4278. 269 Seiten